【权威解读】

黑龙江省调解条例释义

黑龙江省司法厅 编著

中国法治出版社
CHINA LEGAL PUBLISHING HOUSE

前　　言

2023年11月2日，黑龙江省第十四届人民代表大会常务委员会第八次会议审议通过了《黑龙江省调解条例》，自2024年1月1日起施行。制定《黑龙江省调解条例》是贯彻落实习近平总书记关于调解工作重要指示精神和党中央决策部署的重要举措，是坚持和发展新时代"枫桥经验"，坚持以人民为中心的发展思想，增强人民群众获得感、幸福感、安全感的生动实践，是完善矛盾纠纷多元化解机制，提升社会治理效能的有力保障。《黑龙江省调解条例》深入贯彻落实党中央和省委、省政府决策部署，是全国首部全面规范人民调解、行业性专业性调解、行政调解、司法调解的地方性法规，对于推进调解工作的法治化、制度化、规范化建设，具有十分重要的意义。

为配合学习和宣传条例工作，帮助广大读者更好地理解立法原意和法规规定，推动条例顺利有效实施，我们编写了这本《黑龙江省调解条例释义》，供大家学习参考。本书力求简明扼要，通俗易懂，准确反映条例的立法原意，但由于时间和水平有限，难免有不妥和疏漏之处，敬请读者批评指正。

编 者
2024年11月

目　录

第一章　总　则

第 一 条　【立法目的和依据】 …………………… 1
第 二 条　【适用范围】 …………………………… 8
第 三 条　【调解的定义】 ………………………… 9
第 四 条　【指导思想及基本原则】 …………… 10
第 五 条　【大调解工作格局】 ………………… 13
第 六 条　【信息化建设】 ………………………… 15
第 七 条　【调解责任主体】 …………………… 17
第 八 条　【调解协会】 …………………………… 21
第 九 条　【调解组织和调解员队伍建设】 …… 23
第 十 条　【调解优先条款】 …………………… 25
第十一条　【先行调解】 ………………………… 27
第十二条　【宣传和表彰奖励】 ………………… 29
第十三条　【工作经费】 ………………………… 30

第二章 调解类别

第一节 人民调解

第十四条　【人民调解定义】……………… 32
第十五条　【人民调解组织形式】………… 33
第十六条　【人民调解工作范围】………… 37
第十七条　【人民调解组织备案管理】…… 38
第十八条　【人民调解组织规范化建设】… 39

第二节 行业性专业性调解

第十九条　　【行业性专业性调解定义】…… 40
第二十条　　【劳动争议调解】……………… 41
第二十一条　【律师调解】…………………… 43
第二十二条　【商事调解组织的设立程序和
　　　　　　　调解范围】………………… 44
第二十三条　【商事调解组织设立条件】…… 46
第二十四条　【公证调解】…………………… 48
第二十五条　【调解收费】…………………… 50

第三节 行政调解

第二十六条　【行政调解定义】……………… 51
第二十七条　【行政调解工作机制】………… 52

第二十八条　【行政调解权责清单】…………… 53

第二十九条　【农村土地承包经营纠纷调解】……… 55

第 三 十 条　【行政裁决调解】………………… 56

第三十一条　【行政争议调解】………………… 57

第四节　司 法 调 解

第三十二条　【司法调解定义】………………… 59

第三十三条　【司法调解工作原则】…………… 61

第三十四条　【诉调对接工作机制】…………… 63

第三十五条　【委托调解】……………………… 64

第三十六条　【部分刑事案件调解】…………… 66

第三章　调　解　员

第三十七条　【调解员基本条件】……………… 68

第三十八条　【商事调解员条件】……………… 72

第三十九条　【行政调解员】…………………… 73

第 四 十 条　【调解员培训】…………………… 74

第四十一条　【调解员行为规范】……………… 76

第四十二条　【调解咨询专家库】……………… 81

第四章　调 解 活 动

第四十三条　【主动调解】……………………… 83

第四十四条　【调解申请形式及要件】………… 84

第四十五条　【调解受理】………………………… 85

第四十六条　【调解员的选定和指定】…………… 86

第四十七条　【口头调解记录】…………………… 87

第四十八条　【调解一般程序】…………………… 88

第四十九条　【调解期限】………………………… 89

第 五 十 条　【调解组织委托鉴定】……………… 91

第五十一条　【中立评估】………………………… 92

第五十二条　【调解组织调查取证】……………… 93

第五十三条　【调解终止情形】…………………… 94

第五十四条　【调解协议生效条件】……………… 95

第五十五条　【无争议事实确认】………………… 97

第五章　保障与监督

第五十六条　【调解协议效力】…………………… 98

第五十七条　【调解协议效力确认】……………… 99

第五十八条　【调解经费保障】…………………… 103

第五十九条　【人民调解员补贴】………………… 105

第 六 十 条　【人民调解员救助、抚恤】………… 107

第六十一条　【政府购买调解服务】……………… 109

第六十二条　【数据统计】………………………… 111

第六十三条　【调解协会的职责】………………… 112

第六十四条　【调解员罚则】……………………… 114

第六章　附　　则

第六十五条　【施行日期】 …………………… 116

附　录

黑龙江省调解条例 …………………………… 118
　（2023 年 11 月 2 日）

中华人民共和国人民调解法 ………………… 131
　（2010 年 8 月 28 日）

人民调解委员会组织条例 …………………… 137
　（1989 年 6 月 17 日）

中华人民共和国劳动争议调解仲裁法 ……… 140
　（2007 年 12 月 29 日）

中华人民共和国农村土地承包经营纠纷调解
　仲裁法 ……………………………………… 150
　（2009 年 6 月 27 日）

中华人民共和国仲裁法 ……………………… 160
　（2017 年 9 月 1 日）

中华人民共和国行政复议法 ………………… 172
　（2023 年 9 月 1 日）

中华人民共和国民事诉讼法（节录）………… 195
　（2023 年 9 月 1 日）

黑龙江省社会矛盾纠纷多元化解条例 ……………… 198
　（2017 年 10 月 13 日）
关于加强人民调解员队伍建设的意见 ……………… 210
　（2018 年 4 月 19 日）
最高人民法院、司法部关于开展律师调解试
　点工作的意见 …………………………………… 218
　（2017 年 9 月 30 日）
最高人民法院、司法部关于扩大律师调解试
　点工作的通知 …………………………………… 225
　（2018 年 12 月 26 日）

第一章 总 则

第一条 为了加强和规范调解工作，有效化解社会矛盾纠纷，提升社会治理效能，维护社会和谐稳定，根据《中华人民共和国人民调解法》等法律、行政法规，结合本省实际，制定本条例。

◗ 释 义

本条是关于《黑龙江省调解条例》（以下简称条例）立法目的和立法依据的规定。

一、条例出台的背景和目的

调解制度是我国从长期的实践中总结出来的具有中国特色的"东方经验"，适合我国国情社情民情，被群众广泛接受，在化解矛盾、解决纠纷中发挥着重要的基础性作用。

从历史传统来看，调解根植于中华优秀传统文化，蕴含着几千年来中华民族"和为贵""息诉""止讼"等传统智慧，体现了古人法礼合治、贵在持中的治国理念。早在周朝，《周礼·地官司徒》所载的官名中就有"调人"的记载，"调人"就是官府中专门负责调解事务的官员。汉朝通过引礼入法，把道德教化的精神力量与法律的强制力量结合起来，形成了"德主刑辅"的治国理念。官府中的调解制度发展成为乡官治事的调解机制。唐朝时期，民间纠纷先由坊正、村正、里正调解，调解不成的，才能到县衙起诉。宋朝建立了完善的民事调解制度，既有官府调解，也有乡亲调解、宗族调解。明清两朝沿袭和发展了历代调解制度，并将民间调解行为上升为法律规范。据记载，清朝嘉庆年间，宝坻县（今天津市宝坻区）审理的案件，约90%通过调解结案。民国时期，国民政府专门颁布了调解法规，设立了专门的调解组织，对一般民间纠纷和轻微刑事案件进行调解。第一次国内革命战争时期，在中国共产党领导下的农会组织中设有调解组织，负责调解人民群众之间的纠纷。抗日战争时期，陕甘宁边区、山东抗日民主根据地、晋察冀边区、苏中区等地乡村都设有调解组织，名为"人民调解委员会"，这个名称一直沿用至今。新中国成立后，调解制度进一步发展。1954年，中央人民政府政务院颁布了《人民调解委员会暂行组织通则》（已失效）。1982年，人民调解制度被写入《中华人民共和国宪法》。1989年，国务院颁布了《人民调解委员会组织条例》。2002年，司法部颁布了《人民调解工作若干规定》。2010年，第十一届全国人民代表大会常务委员会审议通过了《中华人民共和国人民调解法》，确立了人民调解制度的法律地位。

从中央的要求来看，习近平总书记高度重视调解工作。早在地方工作期间习近平同志就曾多次对调解工作作出重要指示，他曾出席纪念毛泽东同志批示"枫桥经验"40周年大会并作重要讲话。党的十八大以来，习近平总书记多次对调解工作作出重要指示，强调"把非诉讼纠纷解决机制挺在前面""加快发展律师、公证、司法鉴定、仲裁、调解等法律服务队伍""坚持人民调解、行政调解、司法调解联动，鼓励通过先行调解等方式解决问题"等。党的十八大和十八届三中、四中全会，党的十九届四中、五中全会以及中央多份重要文件（法治建设"一规划两纲要"以及《中共中央、国务院关于加强基层治理体系和治理能力现代化建设的意见》《关于完善矛盾纠纷多元化解机制的意见》等）对调解工作作出了部署和要求。

从国内外形势来看，当前，世界百年未有之大变局加速演进，世界之变、时代之变、历史之变的特征更加明显。各种可以预见和难以预见的风险因素明显增加，各类矛盾和风险进入易发期，"黑天鹅""灰犀牛"事件随时都可能发生。黑龙江省正处于矛盾累积、风险交织的凸显期，大量易发多发的矛盾纠纷集聚在人民法院、信访、公安等部门。据统计，2020年至2022年，全省法院年收案数始终居高不下，每年在100万件以上。2023年，省高级人民法院、省司法厅创新治理方式，大力加强调解工作，全省法院全年收案90.8万件，同比下降了24.1%，降幅居全国第一，取得了明显成效。但是收案总量与黑龙江省的人口数量和经济规模仍不匹配，民众的调解需求仍然明显。

从人民群众的需要来看，随着我国社会主要矛盾的变化，人民群众对民主、法治、公平、正义、安全等的需求日益增长，对矛盾纠纷化解的多元化、法治化、专业化、便捷化提出了更高要求。与诉讼相比，调解具有三大独特优势：一是低对抗性。其能够在不撕破脸皮、不伤感情、不丢面子的基础上取得多方当事人共赢的结局，实现案结事了。二是经济性。其能够使大量矛盾纠纷在进入司法渠道之前得到化解，进入司法渠道的也尽可能通过调解定分止争，节约宝贵的司法资源，更重要的是可以减轻群众的"诉累"、降低诉讼成本。三是即时性。其能够快速调解纠纷，防止矛盾激化升级。调解的显著优势契合人民群众解决纠纷的需求，成为人民群众广为认可和接受的纠纷解决方式。

从黑龙江省调解工作的实践来看，近年来，黑龙江省在调解工作方面探索、开展了一系列制度机制创新，走在了全国前列。2014年、2015年，黑龙江省连续2次在全国医疗纠纷人民调解工作会议上介绍经验。2018年以来，黑龙江省连续7次在全国调解工作会议上交流经验。2018年6月21日，司法部专门在黑龙江省大庆市召开现场会，向全国推出人民调解"四五四三"大庆模式。黑龙江省率先在全国建立了"四所一庭一中心"衔接联动工作机制，入选全国"枫桥式"工作法。省司法厅会同省高级人民法院，积极构建新机制，探索对家事、医疗等13类矛盾纠纷实行调解程序前置；创新建立司法确认联络员制度，实现司法确认案件应立尽立、快立快办。开展人民调解经费保障模式创新试点，大庆市每年从人民法院上缴罚没款中拿出500余万元作为人民调解经费，由市司法局统筹发放，等等。黑龙江省调解工作的创新实践，为制定出台条例奠定了坚实的实践基础。

从调解制度本身来看，当前，对调解行为进行规范的国家法律、行政法规尚不完备，人民调解、行业性专业性调解、行政调解等存在诸多制度层面的短板和问题，阻碍了调解工作的发展，无法充分满足人民群众的调解需求。具体表现为：一是人民调解亟待加强规范。2010年出台的《中华人民共和国人民调解法》，在人民调解组织的设立方面，仅规定司法行政机关负责对"人民调解委员会的设立情况进行统计"。实践中，人民调解组织的设立存在一定的随意性，一些企业设立的行业性专业性人民调解委员会不符合《中华人民共和国人民调解法》的规定，中立性和公信力不足，容易引发新的矛盾。二是行业性专业性调解较为混乱。近年来，商事调解、律师调解等行业性专业性调解应运而生并不断发展，已经成为一股新兴的矛盾纠纷化解力量。作为新生事物，行业性专业性调解目前还存在很多问题。如商事调解组织涉及收费，需要明确法人身份、规范收费行为；调解员缺乏准入、退出机制，调解员的素质良莠不齐、专业性不强等。三是行政调解缺乏统一规范。目前，我国行政调解的相关规定散见于各类法律中，缺乏对行政调解主体、范围、程序、效力的统一规定，影响了行政调解职能作用的发挥。一些具有行政调解职能的行政机关不清楚本部门有行政调解的职责，不敢调、不愿调等问题普遍存在，等等。

二、条例的立法依据

宪法是国家的根本大法，规定了国家的根本制度和根本任务，具有最高的法律地位、法律权威、法律效力。宪法是其他法律的立法基础，所有法律的制定都必须以宪法为依据，并不得同宪法相抵触。条例同样是以宪法为依据，遵循宪法的基本原则制定的。

《中华人民共和国人民调解法》是我国第一部专门、系统、完备规范人民调解工作的法律，全面确立了人民调解制度。条例参照《中华人民共和国人民调解法》对人民调解的性质、任务和原则，人民调解的组织形式和人民调解员的选任，人民调解的程序、效力，人民调解的指导和保障等方面的规范，结合《中华人民共和国劳动争议调解仲裁法》《中华人民共和国农村土地承包经营纠纷调解仲裁法》《中华人民共和国仲裁法》《中华人民共和国行政复议法》等法律和《信访工作条例》《医疗纠纷预防和处理条例》等法规，形成了贯通人民调解、行业性专业性调解、行政调解、司法调解的规范性法规，填补了相关法律法规中调解组织设立程序和调解工作流程等制度的缺失。

第二条 本省行政区域内的人民调解、行业性专业性调解、行政调解、司法调解等调解工作和有关活动适用本条例。法律、行政法规对调解工作和有关活动另有规定的，从其规定。

● 释 义

本条是关于调解的分类和条例适用范围的规定。

条例作为一部地方性法规，其主要作用在于补齐调解工作面临的诸多制度层面的短板，规范黑龙江省各类调解工作，推动调解工作高质量发展。传统的调解主要分为人民调解、行政调解、司法调解，常见于中央有关文件中。2018年，党和国家机构改革以后，司法行政机关在新的"三定"方案中增加了指导行业性专业性调解的职责。2023年10月，全国调解工作会议将调解分为人民调解、行业性专业性调解、行政调解、司法调解四类，因此条例也同样将调解分为四类，并分别对调解、人民调解、行业性专业性调解、行政调解、司法调解进行了定义和规范。

条例作为地方性法规，其法律位阶低于法律和行政法规，当其他法律或行政法规对调解工作和有关活动另有规定时，应从其规定。

第三条 本条例所称调解，是指依法成立的调解组织或者行政机关、司法机关，通过说服、劝导、解释、沟通、释法析理等方法，促使当事人在平等协商、互谅互让基础上自愿达成协议，解决纠纷的活动。

● 释 义

本条是关于调解定义的规定。

由于当前矛盾纠纷主体多元化、类型多元化、诉求多元化，化解矛盾纠纷的思路、方法、措施、途径等也应多元化。调解作为纠纷解决方式之一，具有灵活、便捷、高效等特点，符合构建社会主义和谐社会的需要。

当前，不同的调解主体各以其特定的功能和特点，形成了一种互补的、满足社会主体多样需求的矛盾纠纷调解体系和动态的运作调整系统。

条例依据《中华人民共和国人民调解法》对人民调解的定义，综合多部法律、行政法规，对调解的主体、方法、特点进行了归纳，形成了融合人民调解、行业性专业性调解、行政调解、司法调解的综合性概念。

第四条 调解工作应当坚持中国共产党的领导，坚持和发展新时代"枫桥经验"、"浦江经验"。

调解工作遵循自愿、平等的原则，保护个人隐私和商业秘密，不得损害国家利益、社会公共利益、他人合法权益，不得违反法律法规、国家政策，不得违背公序良俗。

● 释 义

本条是关于调解工作的指导思想以及应当遵循的原则的规定。

一、调解工作的指导思想

（一）坚持中国共产党的领导。中国共产党领导是中国特色社会主义最本质的特征，坚持党的领导是立法工作必须遵循的根本原则。党始终把保持社会和谐稳定作为重大任务，在不同历史时期作出一系列重大决策部署，采取一系列有力措施，推动了调解工作的健康发展。我国人民调解制度正是党领导人民在长期社会实践中逐渐探索、创建并发展起来的，是依靠群众解决民间纠纷、实行群众自治、具有中国特色的社会治理方式，是国家治理体系中的一个重要方面。党的十八大以来，以习近平同志为核心的党中央高度重视调解工作，习近平总书记多次作出重要指示，为做好新时代调解工作指明了方向，引领调解工作高质量发展。调解事业的健康发展必须始终坚持党的领导，把党的领导贯穿调解工作的全过程、各方面，确保党中央关于调解工作的决策部署得到全面贯彻落实。

（二）坚持和发展新时代"枫桥经验""浦江经验"。"枫桥经验"自下而上，依靠群众就地化解矛盾，实现"小事不出村、大事不出镇、矛盾不上交"，重在发挥基层自治活力，强化源头预防。"浦江经验"自上而下，变群众上访为领导下访，重在深入基层、破解难题。二者互为补充、相互促进、相得益彰。"枫桥经验"和"浦江经验"是推动社会治理创新行之有效的有益创举，是新时代践行党的群众路线的典范，至今依然展现出强大的生命力，并且不断彰显出历久弥新、弥足珍贵的时代价值和真理光芒。"枫桥经验""浦江经验"的核心要义是以人民为中心的发展思想，是人民至上价值立场的生动实践，这与调解工作的理念和价值追求高度契合。调解工作要坚持和发展新时代"枫桥经验""浦江经验"，以协商调解为基本方式，充分发挥法律定分止争的作用，注重在法治轨道上平衡社会利益、调节社会关系、规范社会行为。

二、调解工作遵循的原则

调解应在当事人自愿、平等的原则上进行，确保当事人享有充分的自主权，不受任何强迫、歧视。调解员之间、当事人之间以及调解员与当事人之间的地位应是平等的，调解过程中，任何人不应享有特殊的权利；主持调解以及参与调解的人员，对调解过程中获悉的个人隐私、商业秘密和其他不宜公开的信息应当保密，但为保护国家利益、社会公共利益、他人合法权益的除外；调解制度作为一项社会主义法律制度，是保护当事人合法权益、维护社会和谐稳定的有效手段。遵守法律，尊重公德，不得扰乱社会经济秩序，不得损害国家利益、社会公共利益、他人合法权益是调解工作的重要基本原则，必须坚持依据法律法规和国家政策进行调解，不得违反法律法规和国家政策设定的强制性规定，不得违背公序良俗。

第五条 县级以上司法行政部门应当与相关行业主管部门、行政调解职能部门、审判机关、检察机关等加强工作统筹，构建完善以人民调解为基础，人民调解、行业性专业性调解、行政调解、司法调解优势互补、分工协作、衔接联动的大调解工作格局。

● 释 义

本条是关于构建大调解工作格局的规定。

大调解工作格局源自"三调联动"。2005年，胡锦涛同志在中央党校省部级主要领导干部"提高构建社会主义和谐社会能力"专题研讨班上的讲话中指出，"建立健全社会矛盾纠纷调处机制，把人民调解、司法调解、行政调解结合起来，依法及时合理地处理群众反映的问题"，首次提出要把三种调解方式结合起来，建立健全社会矛盾纠纷调处机制。2019年5月，在海南首次召开的全国调解工作会议，要求构建以人民调解为基础，人民调解、行政调解、行业性专业性调解、司法调解优势互补、有机衔接、协调联动的大调解工作格局。在2023年10月召开的全国调解工作会议上，中央政治局委员、中央政法委书记陈文清强调，要做好人民调解、做实行政调解、做强司法调解、做优行业性专业性调解，为我们做好各类调解工作指明了方向。近年来，全省各级司法行政机关在加强人民调解、行政调解、行业性专业性调解的工作指导上持续发力，有效发挥调解在维护基层和谐稳定中"第一道防线"的作用，相关行业主管部门、行政调解职能部门、审判机关、检察机关等也纷纷在调解上下功夫，推动更多法治力量作用于引导和疏导端。

司法行政机关在推动构建大调解工作格局上应起到牵头作用，应当会同相关行业主管部门、行政调解职能部门、审判机关、检察机关等加强对调解工作的统筹协调，研究部署推进新时代新征程黑龙江省调解工作发展的任务措施，建立健全调解员准入、培训、奖惩制度，加强对调解组织和调解员的监督管理，落实人民调解组织备案、调解组织和调解员名册管理制度，做好纠纷案件的数据统计和分析研判，进一步加强诉调对接，深化访调对接、警调对接，探索检调对接，统筹协调各方面力量资源，合力推动调解工作取得更大实效。

第六条 省司法行政部门应当加强调解工作信息化建设，组织建立全省综合性、一站式调解工作平台，推广在线咨询、线上调解等服务，推动相关部门、单位数据对接共享。

● 释 义

本条是关于调解工作信息化建设的规定。

当前，信息化已成为创新驱动发展的先导力量。党中央高度重视信息化工作，习近平总书记多次作出重要指示，强调"创新是引领发展的第一动力"，"没有信息化就没有现代化"，"建设网络强国的战略部署要与'两个一百年'奋斗目标同步推进"。新形势下，矛盾纠纷的类型、表现形态和处理的难易程度等发生了很大变化，传统的调解理念、工作机制和方式方法等已不能完全适应发展需要。调解是公共法律服务的重要组成部分，加强调解工作信息化建设，是适应信息化社会发展的需要，也是新时代构建大调解工作格局、充分发挥调解职能作用的必然要求。调解工作既要守正，也要创新，推进调解工作信息化建设，持续优化法治服务场景、法治培训场景、依法调解场景，切实增强调解工作质效，才能推动调解工作迈上新台阶、开创新局面。

加强调解工作信息化建设的重要意义体现在以下几点。

一是为党委、政府决策提供参考。信息技术在调解工作中的有效应用，能够使党委、政府随时获取本地区纠纷案件的数量、规律、特点、类型分布等，便于党委、政府及时开展分析研判，从根本上找到纠纷的产生原因、关键问题、潜在风险等，更加科学合理地制定预防和应对举措，对于推进平安建设、法治化营商环境建设具有重要作用。

二是为群众提供便捷的调解服务。随着社会的信息化发展，人民群众对于便捷、高效化解矛盾纠纷的要求愈发强烈。传统的调解工作多是在调解室等办公场所进行的，公众往往不便参与，通过运用信息化手段，建立综合性、一站式调解工作平台，调解工作得以在线上实现"面对面""实时办",公众可以通过网络平台提交申请、提供证据、沟通咨询、进行确认等,使得调解过程更加透明、顺畅,公众参与更加便捷,提高了调解工作的公正性和效率。

三是为调解员带来工作上的便利。加强调解工作信息化建设,能够实现调解工作的信息互通、资源共享,调解员可以随时收集、查阅调解案例,实现纠纷信息的快速检索和沟通交流,便于调解员学习和借鉴先进经验、优秀做法,更加公正合理地化解纠纷,在实现案结事了的同时,通过调解修复社会关系。此外,调解过程的线上开展,使得调解员能够减少调查取证、实地走访等带来的时间成本,有效提升调解工作效率。

第七条 县级以上司法行政部门负责本行政区域调解工作的组织、协调、指导、监督。

县级以上卫生健康、公安、市场监管、民政、住房和城乡建设、自然资源、生态环境、交通运输、城市管理、农业农村等行政调解职能部门负责本部门行政调解工作。

行业主管部门对本行业领域的调解工作和有关

活动给予支持和保障。

人民法院等司法机关负责司法调解工作。

● 释　义

本条是关于调解工作责任主体的规定。

调解作为一项制度化的非诉讼纠纷解决方式，并不是单纯的以解决纠纷为目的的活动，而是在党和政府的领导与组织下，体现以人民为中心，社会各界广泛参与的，旨在修复社会关系、维护社会和谐的群体性活动。因此，要通过立法明确调解工作的责任部门，明晰具体权责，保证调解工作有序开展，最大限度发挥调解维护社会和谐稳定"第一道防线"的作用。条例针对调解工作指导管理部门权责不清的问题，制定了本条规定。

司法行政部门对于调解工作的职责是全面、系统的，包括对调解工作的组织、协调、指导、监督。

具体而言：一是根据党和国家的路线、方针、政策，按照有关法律，结合本地区实际，制定本行政区域调解工作发展的方向、目标和规划，提出具体任务和措施，并负责督促、检查和落实。二是组织开展调解工作会商研讨，了解和掌握本行政区域内矛盾纠纷的特点和规律，掌握调解工作的真实情况，会同各有关部门研究制定有针对性的工作措施，及时解决工作问题。三是协调各有关部门，统筹本行政区域内的调解资源，推动构建以人民调解为基础，人民调解、行业性专业性调解、行政调解、司法调解衔接联动的大调解工作格局。四是对调解组织、队伍、业务、制度和调解活动等进行规范，结合实际，明确建设标准和要求，提高建设水平，规范调解工作。五是会同有关部门组织开展业务培训，制定调解员培训规划，明确培训的目标、任务、人员、内容、方式方法等，推动调解员的业务素质和调解能力不断提高。六是总结推广调解工作的方法和经验，依照国家有关规定表彰奖励模范典型，大力宣传调解工作和其中涌现出的先进人物、先进事迹，推动社会各界广泛关注和参与，引导调解工作健康发展。七是结合地区实际情况，加强对各类调解数据统计工作的组织、指导和监督，建立健全相关的规章制度，按时完成信息统计汇总、分析上报等工作，确保统计数据准确、上报及时。统计包括定期统计和专项统计，定期统计的周期包括全年、半年、每季度和每月，专项统计根据专项活动要求的内容和时限进行。

法无授权不可为。作为行政部门，所有职权都应来自法律授权。因此，不是所有行政机关都具有行政调解职责。目前，多部法律、行政法规对行政调解工作作出了规定，具有行政调解职能的部门主要有卫生健康、公安、市场监管、民政、住房和城乡建设、自然资源、生态环境、交通运输、城市管理、农业农村等部门。条例在本条作出规定，目的在于明确行政调解的主体及其职责，规范行政调解活动，促进行政争议和有关民事纠纷依法、及时化解。

随着社会的不断发展，涉及特定行业、专业领域的矛盾纠纷频发，已经成为影响社会和谐稳定的难点热点问题。医疗、道路交通、劳动争议等行业专业领域的调解组织应运而生，并不断发展。司法行政机关对调解工作负有指导职责，应与卫生健康委员会、交通运输管理部门、人力资源和社会保障部门等相关行业主管部门加强合作，共同推动行业性专业性调解工作健康有序发展。司法行政机关要切实加强与有关行业管理部门、社会团体和组织的联系和沟通，相互支持、相互配合，共同指导和推动行业性专业性人民调解委员会的建立。推动特定行业领域调解工作有序开展是一项系统性工程，行业主管部门在其中的地位、作用十分重要，相关行业领域的调解工作和活动，包括相关调解组织的组织建设、队伍建设、制度建设和业务建设等，均离不开行业主管部门的支持和保障。

司法调解是人民法院解决民事纠纷的一种重要方式，对民事案件的审理发挥着重要作用。《中华人民共和国民事诉讼法》规定，人民法院审理民事案件，应当根据自愿和合法原则进行调解。

第八条 县级以上人民政府应当按照"一地一会"的原则，支持成立地域性调解协会。调解协会接受同级司法行政部门的指导。

● 释 义

本条是关于成立地域性调解协会的规定。

政府监管与行业自律是规范调解工作的两种制度安排，二者互为补充，分别从法制化的公序与组织化的私序两个不同层面规制调解工作。具体地说，政府主要借助法律及依法行使的强制性行政手段给予调解工作法律上的约束，这可以被看作是一种"法制化的公序"；而行业协会则主要借助行业自律公约及非强制性的精神引导给予调解工作道德上的约束，这可以被看作是一种"组织化的私序"。

作为一种重要的自主治理形式，行业自律的实现需要借助自主组织，即行业协会。在国家持续深化"放管服"改革的大背景下，为更好地发挥行业协会在管理和规范调解工作中的作用，条例规定，县级以上人民政府应当按照"一地一会"的原则，支持成立地域性调解协会。这样规定的主要目的是借助行业协会的力量促进行业自律，协助政府进行监管，弥补政府监管的不足，"政府监管+行业自律"双管齐下，确保调解工作在规范、有序的环境下开展。另外，为平衡好"掌舵"和"划桨"的关系，条例规定，调解协会接受同级司法行政部门的指导，以保证调解协会的规范化、法治化，在正确的方向上推动调解事业的发展。

调解协会接受同级司法行政部门的指导，主要承担统筹协调、服务会员、行业自律等职能。具体包括，根据实际需要设立各类所属的专业委员会和特定领域的调解组织，制定行业规范和奖惩规则，支持会员依法履行职责、维护会员合法权益，积极承接政府购买服务，推进专职调解员队伍建设，开展调解员业务培训和考核，等等。

第九条 鼓励行政机关、人民团体、社会组织、企业事业单位等依法设立调解组织，鼓励人大代表、政协委员、专家学者、专业技术人员、政法单位退休人员、城乡社区工作者、到村（社区）任职大学生以及当地德高望重的人员等担任调解员，参与调解工作。

县级以上司法行政部门应当分类建立并向社会公开调解组织和调解员名册，及时通报所在地同级人民法院。

调解组织、调解员可以加入所在地调解协会。

释 义

本条是关于加强调解组织和调解员队伍建设的规定。

调解组织是调解工作的重要载体，调解员是调解工作的具体承担者，肩负着化解矛盾、宣传法治、维护稳定、促进和谐的职责使命。发动社会力量广泛参与，推动调解组织和调解员队伍发展壮大，对于提高调解工作质量、充分发挥调解维护社会和谐稳定的基础性作用具有重要意义。基于此，条例鼓励行政机关、人民团体、社会组织、企业事业单位等依法设立调解组织，鼓励社会各界特别是具有专业知识和专业能力的人员担任调解员，促进社会矛盾纠纷及时、有效、实质性化解。

分类建立调解组织和调解员名册，是切实履行司法行政部门指导调解工作职责，加强调解组织和调解员队伍管理，促进各类调解组织健康有序发展，进一步发挥各类调解资源的集成效应，着力深化矛盾纠纷多元调解体系建设的有力抓手；将调解组织和调解员名册向社会公开，不仅能够方便群众在遇到矛盾纠纷时选择最为合适的调解组织、调解员解决矛盾纠纷，也能够让群众了解调解工作，使调解工作在社会的监督下进行，是促进人民群众参与调解的有效方法；向人民法院通报调解组织和调解员名册，使法院及时掌握调解组织和调解员的信息，便于将适宜调解的纠纷案件及时委派或委托给调解组织进行调解，有利于相关工作的有效衔接，对于合理利用法律资源、强化诉调对接、推动将矛盾纠纷化解在诉前具有促进作用。

第十条 调解组织和调解员发现矛盾纠纷时，可以主动调解。当事人一方明确拒绝调解的，不得调解。

鼓励当事人在签订合同、协议时订立调解条款，优先选择调解方式解决矛盾纠纷。

行政机关、法律法规授权的具有管理公共事务职能的组织（以下统称行政机关）在行政管理中发现矛盾纠纷或者在办理符合调解条件的行政裁决、行政复议案件时，可以告知并引导当事人先行调解。

律师事务所、公证机构、基层法律服务所等法律服务机构接受法律咨询、提供法律服务时，应当告知当事人各类纠纷化解途径及其特点，引导当事人优先选择调解方式解决。

● 释 义

本条是关于贯彻调解优先理念，发挥调解在化解矛盾纠纷中的优势和作用的规定。

调解具有自愿性、灵活性和民主性，既可以由当事人向调解组织申请调解，也可以由调解组织主动调解。调解组织主动介入民间纠纷的调解，是调解组织发挥作用的有效途径和方法，也是区别于法院在民事诉讼活动中所遵循的"不告不理"原则的一个主要特点。化解矛盾纠纷、维护和谐的社会关系，是调解组织的根本任务。条例规定了主动调解机制，目的是更及时、广泛地发挥调解组织和调解员的作用，使其成为维护社会稳定、促进社会和谐的"第一道防线"。许多纠纷发生后，当事人往往不会主动或者及时向调解组织申请调解，也不通过其他途径寻求解决，这就容易错过矛盾纠纷的最佳解决时机，甚至导致矛盾纠纷扩大、激化。调解组织主动介入，能够抓住最佳时机，使矛盾纠纷化解在初期、解决在萌芽状态。

自愿原则是贯穿调解工作始终的一项重要原则，当事人可以接受调解，也可以不接受调解；调解过程中，当事人不愿再继续调解的，也可以随时要求终止调解。调解员可以积极引导当事人接受调解，但不能强迫当事人接受调解。否则，不但不能有效化解纠纷，还可能激起当事人的对抗情绪，导致矛盾纠纷激化升级。

条例贯彻调解优先理念，鼓励当事人在签订合同、协议时订立调解条款，当发生纠纷时，可以优先选择以调解方式化解纠纷。这对维系彼此间的商事关系、促进合作达成具有积极作用。签订调解协议后，行政机关在行政管理中，或者律师事务所、公证机构、基层法律服务所等法律服务机构在提供法律服务过程中，往往可以第一时间发现纠纷线索，引导当事人先行调解，将矛盾纠纷快速导入调解程序，实现矛盾纠纷及时、快速化解。

第十一条 对下列纠纷，人民法院在登记立案前，征得当事人同意后，可以委派依法成立的调解组织先行调解：

（一）家事纠纷；

（二）劳动人事争议纠纷；

（三）机动车交通事故责任纠纷；

（四）医疗损害责任纠纷；

（五）宅基地和相邻关系纠纷；

（六）农村土地承包合同纠纷；

（七）数额较小的民间借贷、买卖、借用纠纷；

（八）物业服务合同纠纷；

（九）拖欠水、电、气、热力费纠纷；

（十）消费者权益保护纠纷；

（十一）涉未成年人校园纠纷；

（十二）其他人民法院认为适宜调解的民商事纠纷。

经先行调解达成协议的，应当制作调解协议书；调解未达成协议或者调解协议书生效前当事人一方反悔的，人民法院应当及时立案。

☛ 释 义

本条是关于实行人民法院立案前先行调解的有关规定。

2023年，黑龙江省高级人民法院、黑龙江省司法厅联合印发了《关于探索实行调解程序前置工作的若干意见》，将各类适宜调解的纠纷列入调解前置程序，推动构建调解在先、诉讼断后、有机衔接、协调联动的多元解纷工作机制。经过一段时间的探索，调解前置工作积累了一定的经验，取得了积极成效。条例将调解前置工作的实践经验上升为立法规定，有利于更好发挥调解高效、灵活、成本低等优势，引导更多的纠纷在进入诉讼程序前，通过调解方式化解，对于加强矛盾纠纷源头预防、前端化解，推动诉源治理具有十分重要的作用。

第十二条 县级以上人民政府及有关部门、单位应当宣传调解工作，推广调解工作典型经验。对在调解工作中有突出贡献的集体、个人，按照国家有关规定给予表彰奖励。

释 义

本条是关于加强调解工作的宣传推广和对调解组织、调解员进行表彰奖励的规定。

加强对调解工作的宣传推广，能够促进调解职能作用的有效发挥，推动更多矛盾纠纷通过调解方式解决，扩大调解工作的社会影响力。及时对调解工作实践进行总结、提炼，形成可复制、推广的先进经验，有利于参与调解的机构和人员相互学习借鉴，促进形成百花齐放的局面；加强对调解工作的宣传，向群众解读调解相关的法律法规，宣传调解的优势特点，能够提高群众对调解的知晓度和首选率，营造"有纠纷找调解"的浓厚氛围。

广大调解员奔波在化解矛盾纠纷、维护社会和谐稳定的"第一道防线"上，为了人民群众安居乐业，为了国家长治久安，辛勤工作、默默奉献、尽职尽责，在平凡的岗位上作出了不平凡的业绩,涌现出大量的先进典型。对于广大调解员来说,因工作成绩显著或贡献突出而受到表彰和奖励不仅是一种荣誉,也是一项权利。因此,本条规定,对在调解工作中有突出贡献的集体、个人,按照国家有关规定给予表彰奖励。需要指出的是,开展表彰奖励应当符合《评比达标表彰活动管理办法》等国家有关规定。

第十三条 县级以上人民政府应当将调解工作经费纳入本级财政预算,专款专用。

● 释 义

本条是关于县级以上人民政府承担保障责任的规定。

调解公益性强,尤其是人民调解,是不收费的。但是,调解组织开展各项工作,组织各项活动,落实各项任务,都离不开必要的物质保障和经费保障。条例规定:"县级以上人民政府应当将调解工作经费纳入本级财政预算,专款专用。"这是结合新时代调解工作的重要任务作出的规定,目的是进一步完善调解工作保障机制,推动大调解工作格局的形成。这一规定中有三个明确:

首先,明确责任主体为县级以上人民政府,表明地方财政是调解工作重要的经费保障。

其次,明确保障内容为调解工作经费。调解工作经费包含很多内容,随着经济社会的不断发展,社会活动出现新情况,社会矛盾纠纷出现新特点,调解工作自然也将出现新变化、新发展,工作经费的类别、内容都会不断变动。因此,条例对调解工作经费的内容没有作出具体规定。以人民调解为例,参照《中华人民共和国人民调解法》和现行的其他规定,一般认为,调解工作的开支范围应当包括司法行政机关指导调解工作的经费、调解组织的补助经费、调解员的补贴经费。司法行政机关指导调解工作的经费主要包括调解工作宣传经费、培训经费、表彰奖励经费等;调解组织的补助经费包括购置办公用品经费、文书档案和纸张等的费用、开展调解活动所需经费等;调解员的补贴经费包括人民调解员"以案定补"补贴经费、调解员的生活与交通补贴等。

最后,明确关于调解工作经费保障的具体办法为将调解工作经费纳入本级财政预算,专款专用。保障责任是一项硬性责任,即县级以上人民政府必须拨付调解工作经费,以确保调解工作的顺利开展。

第二章 调解类别

第一节 人民调解

第十四条 本条例所称人民调解,是指人民调解委员会通过说服、疏导等方式,促使当事人在平等协商、互谅互让基础上自愿达成调解协议,解决民间纠纷的活动。

▶ 释 义

本条是关于人民调解定义的规定。

人民调解是具有中国特色的化解矛盾、消除纷争的非诉讼纠纷解决方式。人民调解具有的人民群众自我管理、自我教育、自我服务的属性和定位,是我国人民调解制度赖以生存的基础,也是长期以来人民调解工作保持生机和活力的原因所在,这一性质始终没有改变。目前,尽管人民调解的组织形式呈现出多样化的特点,人民调解与行业性专业性调解、行政调解、司法调解的衔接互动日益密切，但人民调解群众性、自治性和民间性的本质特征并没有改变。人民调解工作是在人民调解委员会的主持下，通过人民调解员积极地在当事人之间进行说服、疏导，帮助交换意见，提出解决纠纷的建议，引导当事人自愿达成解决纠纷的协议。考虑到法律的统一性，条例对人民调解的定义沿用了上位法《中华人民共和国人民调解法》的规定。

第十五条 村民委员会、居民委员会应当依法设立人民调解委员会，乡镇、街道和企业事业单位、社会团体或者其他组织根据需要依法设立人民调解委员会。

设区的市（地）、县（市、区）设立人民调解中心，根据需要设立医疗、婚姻家庭、消费者权益保护、物业、交通事故、知识产权、劳动人事争议等人民调解组织。

人民调解组织可以在人民法院和公安、信访部门等处理纠纷较多的单位，设立派驻式人民调解工作室。

具备条件的人民调解员可以申请设立个人调解工作室。

鼓励人民调解工作室、个人调解工作室以特有名称命名，创建品牌调解室。

☛ 释 义

本条是关于人民调解组织的组织形式的规定。

人民调解委员会是人民调解组织的基本形式。《中华人民共和国人民调解法》仅规定了人民调解委员会这一种人民调解组织形式，但在实践中，人民调解中心、人民调解工作室等新型组织形式不断涌现，需要对这些组织予以确认和规范。

条例规定，村（居）委会应当依法设立人民调解委员会，这也是《中华人民共和国宪法》和《中华人民共和国人民调解法》的要求。村（居）委会是基层群众性自治组织，它们深深扎根在基层，离群众最近，是发挥基层群众自治作用的最好形式。群众之间发生纠纷后，最容易找到的就是村民委员会和居民委员会。由于贴近群众，村（居）人民调解委员会能够较早地发现群众之间的纠纷，并主动进行调解，发挥人民调解及时、主动、便捷的特点和优势,将矛盾纠纷解决在萌芽状态,有效防止矛盾纠纷激化。

如果说村(居)人民调解委员会重在解决群众在生活中的矛盾纠纷,那么企业事业单位人民调解委员会则重在解决群众在工作中发生的矛盾纠纷,这就使人民调解覆盖了群众最主要的两个活动空间。与村(居)人民调解委员会略有区别的是,条例并不要求企业事业单位必须设立人民调解委员会,而是"根据需要设立",由企业事业单位根据需要灵活掌握。一般认为,企业事业单位规模较大、职工较多、纠纷多发的,即需要设立人民调解委员会;企业事业单位规模较小、职工较少、纠纷不多,并能及时通过其他合法途径有效化解矛盾纠纷的,可以不设立人民调解委员会。此外,在实践中,很多纠纷的当事人属于不同的村、社区或者单位,有的纠纷专业性较强,不便于村(居)人民调解委员会、企业事业单位人民调解委员会调解,乡镇、街道以及社会团体或者其他组织根据需要依法设立人民调解委员会,可以更方便、有效地调解相关纠纷。

2020年,司法部发布的《全国人民调解工作规范》(SF/T 0083—2020)对人民调解中心的设立条件及工作职能进行了规范。条例将人民调解中心的设立上升到立法层面，重在通过立法的引领和推动作用，促进人民调解中心更好统筹区域内的调解资源，实现对重大、疑难、复杂民间纠纷以及跨地域、跨行业民间纠纷的联动化解。

随着我国经济体制的深刻变革、社会结构的深刻变动、利益格局的深刻调整、思想观念的深刻变化，各种矛盾纠纷不断增加，呈现出复杂性、多样性、专业性和面广量大的特点，特别是医疗、婚姻家庭、消费者权益保护、物业、交通事故、知识产权、劳动人事争议等行业、专业领域矛盾纠纷大量上升，已经成为影响社会和谐稳定的难点热点问题。条例对此进行规定，重在推动调解组织向更多行业、专业领域拓展延伸，运用调解方式及时有效地化解特定行业、专业领域出现的难点热点矛盾纠纷，这对于加强和创新社会管理、维护社会和谐稳定具有重要意义。

从现实看，基层人民法院、公安机关、信访等部门受理的纠纷案件较多，工作压力较大。人民调解组织在人民法院和公安、信访部门等处理纠纷较多的单位设立派驻式人民调解工作室，是人民调解向矛盾纠纷化解"第一线"的深入，能够进一步加强"警调""诉调""访调"等的对接,让人民调解的矛盾化解质效再提升一个层次,有效减轻人民法院、公安机关、信访等部门人少案多的压力,持续降低衍生诉讼、信访的发生,满足群众快速、便捷化解纠纷的需求。

个人调解工作室是传统调解组织形式的创新发展,是基层调解组织触角的有效延伸。鼓励人民调解工作室、个人调解工作室以特有名称命名,创建品牌调解室,对于深化个人调解室的品牌示范效应,增强人民调解员的积极性、主动性,充分发挥资深人民调解员"知民情、有威信、善调解"的优势,扩大人民调解工作的权威性、影响力,提升人民调解工作水平,切实发挥好人民调解维护社会和谐稳定"第一道防线"的作用具有重要意义。

第十六条 人民调解组织调解平等民事主体之间,涉及当事人有权处分的人身、财产权益的纠纷。

释 义

本条是关于人民调解工作范围的规定。

随着时代的不断发展,人民调解的工作范围有了更多的扩展和变化,已经从初始的调解公民之间的婚姻、继承、赡养、邻里关系、小额债务、轻微侵权等一般民事纠纷,扩展到调解土地承包、城市管理、环境污染、劳动工伤、医疗卫生、知识产权等纠纷。《中华人民共和国人民调解法》对人民调解工作的范围仅规定了调解"民间纠纷",条例对民间纠纷的范围进行了进一步的解释说明,将人民调解工作的范围界定为平等民事主体之间,涉及当事人有权处分的人身、财产权益的纠纷。

第十七条 人民调解组织应当自设立、变更或者撤销之日起三十日内将组织名称、人员组成、场所和联系方式向所在地县级以上司法行政部门备案。备案部门应当根据变动事项及时调整人民调解组织、调解员名册。

● 释 义

本条是关于人民调解组织备案的规定。

条例结合实际工作,规定了人民调解组织的备案制度。人民调解组织备案是指依法设立的人民调解委员会及其所属人民调解工作室应当及时将设立、变更和撤销情况报送相关司法行政机关,以备指导和管理。司法行政机关具有指导人民调解工作的法定职责,将人民调解组织的组织名称、人员组成、场所和联系方式等信息向司法行政部门备案,能够增强调解组织和司法行政部门的信息沟通,让司法行政部门及时、准确掌握人民调解组织的动态和发展情况,便于更好地开展指导和管理工作,对司法行政部门更好地履行指导人民调解工作的法定职责,不断提高人民调解工作制度化、规范化水平具有重要意义。

第十八条 人民调解组织应当有固定的调解场所,悬挂调解组织标牌和人民调解标识,公示调解范围、调解流程、调解员名单、工作纪律和当事人权利义务等内容。

● 释 义

本条是关于人民调解组织规范化建设的规定。

条例对人民调解组织规范化建设的规定,与人民调解委员会"五有""六统一"的规范化建设要求保持一致。"五有"是指:有人民调解委员会标识牌;有人民调解委员会印章;有纠纷调解、回访记录簿;有纠纷调解统计台账；有相对固定的调解工作场所即调解室。"六统一"是指标牌、印章、标识、程序、制度、文书统一。人民调解组织悬挂调解组织标牌和人民调解标识，公示调解范围、调解流程、调解员名单、工作纪律和当事人权利义务等内容，能够便利人民群众识别和监督，确保人民调解活动的顺利进行，对于规范人民调解工作，严肃人民调解工作纪律，扩大人民调解工作的社会影响，提高人民调解制度的社会公信力具有十分重要的意义。

第二节 行业性专业性调解

第十九条 本条例所称行业性专业性调解，是指依法成立的商事、律师、劳动人事争议等调解组织，通过说服、劝导等方法，促使当事人在平等协商、互谅互让基础上自愿达成调解协议，解决行业、专业领域纠纷的活动。

◉ 释 义

本条是关于行业性专业性调解定义的规定。

行业性专业性调解主要可以分为三类：第一类是行

业性专业性人民调解，如各地普遍设立的医疗纠纷、道路交通事故纠纷、知识产权纠纷、物业纠纷人民调解组织等。第二类是公益性的行业性专业性调解，特点是与人民调解一样不收费，但名称中没有"人民调解"字样，如根据《中华人民共和国劳动争议调解仲裁法》设立的企业劳动争议调解委员会等。第三类是市场化的行业性专业性调解，如商事调解、律师调解、公证调解等。本节主要对第二类、第三类行业性专业性调解进行规范。

相较于其他调解类型，行业性专业性调解具有更专业、更高效的优势，能够更加高效、妥善地解决一些成因复杂、主体多元、规模较大、调解难度较高且极易引发信访和群体性事件的纠纷，对保障当事人合法权益，促进社会公平正义，维护社会和谐稳定能够发挥重要作用。虽然行业性专业性调解与人民调解在定义上相契合，工作原则也基本一致，但其工作内容则更加倾向行业、专业领域，条例将行业性专业性调解单独设立为一节并进行定义，为其提供立法支持。

第二十条 大中型企业应当依法设立劳动争议调解委员会。小微型企业可以单独或者联合设立劳动争议调解委员会，也可以由劳动者和企业共同推举人员，开展调解工作。

● 释　义

本条是关于行业性专业性调解中劳动争议调解的规定。

2007年，第十届全国人民代表大会常务委员会第三十一次会议审议通过了《中华人民共和国劳动争议调解仲裁法》，规定发生劳动争议，当事人可以到下列调解组织申请调解：（一）企业劳动争议调解委员会；（二）依法设立的基层人民调解组织；（三）在乡镇、街道设立的具有劳动争议调解职能的组织。2022年，人力资源社会保障部会同中央政法委、最高人民法院、工业和信息化部、司法部、财政部、中华全国总工会、中华全国工商业联合会、中国企业联合会/中国企业家协会联合印发的《关于进一步加强劳动人事争议协商调解工作的意见》规定，人力资源社会保障部门会同司法行政、工会、企业代表组织和企事业单位、社会团体，推动用人单位加大调解组织建设力度。推动大中型企业普遍建立劳动争议调解委员会，建立健全以乡镇（街道）、工会、行业商（协）

会、区域性等调解组织为支撑、调解员（信息员）为落点的小微型企业劳动争议协商调解机制。推动事业单位、社会团体加强调解组织建设，规范劳动人事管理和用工行为。

企业劳动争议调解委员会是独立依法调解本单位劳动争议的群众性组织，属于公益性质的行业性专业性调解组织，但不属于人民调解组织。条例依据《中华人民共和国劳动争议调解仲裁法》和人力资源社会保障部有关文件的规定，作出本条规定。

一般认为，大中型企业单位规模较大、职工较多，劳动争议易发多发，应当依法设立劳动争议调解委员会；小微型企业规模较小、职工较少，劳动争议相对较少，因此条例并不要求其必须设立劳动争议调解委员会，而是规定可以依据企业实际情况，单独或者联合设立劳动争议调解委员会，也可以由劳动者和企业共同推举人员，开展调解工作。

第二十一条 律师协会可以设立律师调解组织，鼓励律师事务所设立律师调解组织，组织律师参与调解工作，化解矛盾纠纷。

● **释 义**

本条是关于行业性专业性调解中律师调解的规定。

律师是新时代社会主义法治建设的重要力量,其法律知识更为全面、专业素养更高,往往能够清晰、全面地了解案情,分析和评估案件的法律性质,为当事人提供更为专业的法律指导和建议,而且律师在调解工作中同样具有专业优势、职业优势和实践优势。2017年、2018年,最高人民法院和司法部联合印发的《关于开展律师调解试点工作的意见》《关于扩大律师调解试点工作的通知》对律师调解工作作出规定,要求开展律师调解试点工作。

条例鼓励律师协会、律师事务所设立调解组织,鼓励律师参与调解工作。这样不仅可以进一步拓展律师的业务领域,而且可以更好发挥律师在化解矛盾纠纷中的专业优势、职业优势和实践优势,促进矛盾纠纷的解决,节约司法资源和人民群众的维权成本。

第二十二条 成立商事调解组织应当经设区的市级司法行政部门审查同意,并依法登记。

商事调解组织根据章程可以调解贸易、投资、金融、证券、知识产权、技术转让、房地产、工程承包、运输、保险等领域的矛盾纠纷。

● 释 义

本条是关于商事调解组织设立程序和调解范围的规定。

商事调解是近年来新兴的调解制度，以非对抗性、解决纠纷快、成本低、当事人对调解程序和结果的可控性强等独特优势，成为国际社会广泛认可的商事纠纷解决方式。2018年12月20日，第七十三届联合国大会第六十二次全体会议通过了《联合国关于调解所产生的国际和解协议公约》（又称《新加坡调解公约》）。2019年，《新加坡调解公约》开放签署后，很多国家和地区都致力于完善本国的商事调解法律和制度，积极推动商事调解的发展，着力提高自身在国际商事纠纷解决中的吸引力、竞争力和影响力。

目前，我国还没有规范商事调解制度的统一规定。条例将商事调解纳入地方立法，对商事调解组织的设立程序和调解范围作出规定，可以促使更多热心商事调解工作的组织和人员进入商事调解队伍中，推进商事调解事业的发展。同时，条例对商事调解的范围作出了规定，以区别于其他类调解，有利于商事调解制度规范健康发展。

第二十三条 成立商事调解组织应当具备下列条件：

（一）名称中应当有"商事调解"字样；

（二）有自己的住所、章程和组织机构；

（三）有调解所需的场地、设施和必要的财产；

（四）有三名以上的专职调解员。

仲裁委员会可以设立商事调解组织。

● 释　义

本条是关于商事调解组织成立条件的规定。

商事调解是一项新兴事物，为保证其发挥应有的作用，需要对商事调解组织的成立条件作出必要的限定。如商事调解组织的名称应当有一定的辨识度，并与其他类调解相区分，因此，本条规定商事调解组织的名称中应当有"商事调解"字样；商事调解组织的设立需具备一定的物质条件，因此，本条规定商事调解组织应当有自己的住所以及调解所需的场地、设施和必要的财产；同时，作为调解组织开展调解工作，应当有自己的章程和组织机构。

商事纠纷专业性强，涉及法律关系众多。商事纠纷的调解工作，需要商事调解组织拥有一支既精通法律、擅长做调解工作，又具备相关专业知识的调解员队伍，特别是需要一支专职队伍。参照司法部发布的《全国人民调解工作规范》（SF/T 0083—2020）中关于行业性专业性人民调解委员会一般应配备三名以上专职人民调解员的规定，条例规定商事调解组织应当有三名以上的专职调解员，以保障商事调解组织顺利开展调解活动，保证服务质量。

仲裁委员会的仲裁员大部分都是法律、经济贸易等领域的专家，他们既有丰富的专业知识储备，又拥有多年的合同纠纷和其他财产权益纠纷处理经验，适合且善于解决市场经济主体之间发生的商事纠纷。基于此，条例鼓励仲裁委员会设立商事调解组织，充分利用仲裁员的专业优势，推动商事领域纠纷得到更加专业、高效的化解。同时，由于《中华人民共和国仲裁法》规定，当事人采用仲裁方式解决纠纷,双方应当自愿达成仲裁协议。没有仲裁协议,一方申请仲裁的,仲裁委员会不予受理。仲裁委员会设立商事调解组织,即使当事人之间没有仲裁协议,也可以直接到商事调解组织申请调解,更加有利于当事人选择以调解方式解决纠纷。

第二十四条 经当事人共同申请,公证机构可以对适宜调解、涉及公证事项的争议进行调解。经调解当事人达成新的协议并申请公证的,公证机构应当办理公证;调解不成的,公证机构应当告知当事人可以依法向人民法院提起诉讼或者向仲裁机构申请仲裁。

公证机构可以接受人民法院委派或者委托开展调解。

● 释 义

本条是关于行业性专业性调解中公证调解的规定。

我国公证机构在制度设立上遵循"在保障民法私权自治原则的基础上,实现国家对重大经济活动与公民重要法律行为的适度干预,以预防纠纷的产生和避免可能发生的社会矛盾"的原则。这一制度的设立塑造了公证机构的中立形象,让公证机构参与调解业务有了制度保障。

2020年,司法部修订的《公证程序规则》规定,经公证的事项在履行过程中发生争议的,出具公证书的公证机构可以应当事人的请求进行调解。经调解后当事人达成新的协议并申请公证的,公证机构可以办理公证;调解不成的,公证机构应当告知当事人就该争议依法向人民法院提起民事诉讼或者向仲裁机构申请仲裁。

公证机构具有中立性且公信力强,同时可以运用公证证明、证据保全、提存、赋予强制执行效力等方式助力纠纷调解。公证机构人员在处理公证事项相关的争议时更加专业,可以提升此类纠纷调解的效率和质量,保障调解结果的公正性、可靠性,有效化解当事人之间的矛盾和分歧,促使纠纷解决在初始阶段。条例在《公证程序规则》的基础上,征求了司法部公共法律服务局的意见,将公证调解的范围扩大为"经当事人共同申请,公证机构可以对适宜调解、涉及公证事项的争议进行调解",鼓励公证机构主动参与调解工作。

第二十五条 依法登记的商事调解组织和律师调解组织等可以提供咨询、调解等有偿服务并制定收费标准。收费标准应当报设区的市级司法行政部门备案,并向社会公开。

依法登记的律师调解组织进驻人民法院、公共法律服务机构开展调解服务,不得向当事人收取费用。

释 义

本条是关于行业性专业性调解组织收费的相关规定。

条例明确了依法登记的商事调解组织和律师调解组织等可以提供有偿服务并制定收费标准,调解服务实行市场调节价。调解费用标准按照公平合理、诚实信用的原则由调解组织自行制定,但需要将确定的收费标准报设区的市级司法行政部门备案,并向社会公开。调解费用可以用作给付调解员的报酬、调解组织运作费用以及因调解活动所产生的其他合理费用。

律师调解组织进驻人民法院和公共法律服务机构开展调解服务,属于基本公共法律服务的范畴,可以由人民法院、司法行政机关采取政府购买服务等方式解决经费保障问题,因此,条例规定,在此种情况下,不得向当事人收取费用。

第三节 行政调解

第二十六条 本条例所称行政调解，是指行政机关依据法律、法规，通过解释、沟通等方法，促使当事人在平等协商、互谅互让基础上自愿达成调解协议，解决相关民事纠纷和行政争议的活动。

◐ 释 义

本条是关于行政调解定义的规定。

2004年，国务院印发的《全面推进依法行政实施纲要》首次提出了行政调解的概念，并规定"对依法应当由行政机关调处的民事纠纷，行政机关要依照法定权限和程序，遵循公开、公平、公正的原则及时予以处理……对民事纠纷，经行政机关调解达成协议的，行政机关应当制作调解书"。

本条是对行政调解定义的规定，主要包括以下三个方面：一是规定了行政调解的实施主体，即具体承担行政调解工作的是具有行政调解职能的行政机关。二是规定了行政调解的调解范围，即法律规定的行政机关负责调解的相关民事纠纷和行政争议。三是规定了行政调解的原则和方式，即依据法律、法规，通过解释、沟通等方法，促使当事人在平等协商、互谅互让的基础上自愿达成调解协议。

第二十七条 县级以上人民政府应当建立由政府负总责、司法行政部门组织指导、各职能部门为主体的行政调解工作机制。

● 释　义

本条是关于行政调解工作机制的规定。

2010年，国务院印发《国务院关于加强法治政府建设的意见》（已失效），规定"要把行政调解作为地方各级人民政府和有关部门的重要职责，建立由地方各级人民政府负总责、政府法制机构牵头、各职能部门为主体的行政调解工作体制，充分发挥行政机关在化解行政争议和民事纠纷中的作用"。

行政调解是有关行政机关的重要职责，是政府柔性治理的有效方式，是全面推进依法行政，加强法治政府建设的重要手段。具有行政调解职责的行政机关较多，要发挥行政调解工作合力，需要建立适宜的工作机制。条例根据《国务院关于加强法治政府建设的意见》要求，规定建立由政府负总责、司法行政部门组织指导、各职能部门为主体的行政调解工作机制，内容主要包含三个方面：一是行政调解工作由县级以上人民政府负总责。行政调解的主体是行政机关，由政府负总责，能够更好地加强对行政调解的领导，确保行政调解方向正确并发挥应有作用。二是明确行政调解的指导部门是司法行政部门。根据司法行政机关新的"三定"方案，司法行政机关负有指导行政调解的工作职责。行政调解由司法行政机关统一指导，有利于强化对行政调解的工作统筹，推动建立行政调解与人民调解、行业性专业性调解、司法调解衔接联动的大调解工作格局。三是明确行政调解的主体。本条规定的各职能部门就是指法律、法规规定的具有行政调解职责的行政机关。

第二十八条 县级以上人民政府有关部门应当在司法行政部门指导下建立行政调解权责清单，明确本部门依法可以调解的纠纷范围。

行政调解权责清单应当在本部门或者本级政府网站上公开。

● 释 义

本条是关于建立行政调解权责清单的规定。

党的十八届三中全会审议通过的《中共中央关于全面深化改革若干重大问题的决定》提出，"推行地方各级政府及其工作部门权力清单制度，依法公开权力运行流程"。"法无授权不可为"是行政机关开展行政管理等工作的基本原则。行政机关具有的行政调解职责，需要法律、法规的授权。在司法行政部门的指导下，具有行政调解职责的行政机关建立行政调解权责清单，明确可以调解的纠纷范围，厘清行政调解事项，能够进一步明确行政机关的行政调解职权。同时，行政调解权责清单向社会公开，能够主动接受社会监督，便于纠纷当事人查询并选择是否申请调解，这对于进一步规范行政调解工作、提高行政调解工作质效具有十分重要的促进作用。

第二十九条 乡（镇）人民政府可以设立农村土地承包经营纠纷调解委员会，对农村土地承包经营纠纷进行调解。

释 义

本条是关于调解农村土地承包经营纠纷的规定。

土地承包经营纠纷是农村地区易发多发的矛盾纠纷。对于此类纠纷的调解，除人民调解以外，相关法律也作出了规定。如《中华人民共和国农村土地承包法》第五十五条第一款规定："因土地承包经营发生纠纷的，双方当事人可以通过协商解决，也可以请求村民委员会、乡（镇）人民政府等调解解决。"2009年，第十一届全国人民代表大会常务委员会第九次会议审议通过了《中华人民共和国农村土地承包经营纠纷调解仲裁法》，对农村土地承包经营纠纷调解工作作出了规定。其中，第二条第二款规定："农村土地承包经营纠纷包括：（一）因订立、履行、变更、解除和终止农村土地承包合同发生的纠纷；（二）因农村土地承包经营权转包、出租、互换、转让、入股等流转发生的纠纷；（三）因收回、调整承包地发生的纠纷；（四）因确认农村土地承包经营权发生的纠纷；（五）因侵害农村土地承包经营权发生的纠纷；（六）法律、法规规定的其他农村土地承包经营纠纷。"第三条规定："发生农村土地承包经营纠纷的，当事人可以自行和解，也可以请求村民委员会、乡（镇）人民政府等调解。"条例规定乡（镇）人民政府根据需要可以设立农村土地承包经营纠纷调解委员会，旨在在进一步明确乡（镇）人民政府行政调解责任的基础上，通过建立专门的调解组织，进一步强化农村土地承包经营纠纷的调解工作，更好服务农村集体经济发展。

第三十条 行政机关裁决自然资源权属争议、知识产权侵权纠纷和补偿争议、政府采购活动争议等纠纷应当先行调解。经调解达成协议的，由行政机关制作调解协议书；调解不能达成协议的，行政机关应当及时作出裁决。

● 释 义

本条是关于对行政争议进行裁决前先行调解的规定。

行政裁决是行政机关依当事人申请，根据法律法规授权，居中对与行政管理活动密切相关的民事纠纷进行裁处的行为。与调解相比，二者都是化解民事纠纷的方式，但行政裁决主体更加单一，对象也更具特征性。行政裁决的主体是法律法规授权的行政机关，受理范围也是与行政管理活动密切相关的民事纠纷，主要集中在自然资源权属争议、知识产权侵权纠纷和补偿争议、政府采购活动争议等方面，合同纠纷等一般民事争议并不属于行政裁决的受理范围。

2018年12月，中共中央办公厅、国务院办公厅印发了《关于健全行政裁决制度加强行政裁决工作的意见》，对进一步加强行政裁决与调解的协调衔接，加强行政裁决工作进行了规定。条例根据《关于健全行政裁决制度加强行政裁决工作的意见》的有关内容，在本条中规定行政机关在裁决民事纠纷前应当先行调解，这有利于加强行政裁决与调解的衔接，充分利用调解的独特优势，提高纠纷解决效率，更好更快地解决纠纷和争议，营造和谐的社会环境。

第三十一条 对于适宜调解的行政争议，行政复议机关在立案前，可以按照自愿、合法的原则先行调解。

释 义

本条是关于行政争议调解的规定。

2023年9月1日,第十四届全国人大常委会第五次会议通过了新修订的《中华人民共和国行政复议法》。修订后的《中华人民共和国行政复议法》中新增了关于行政复议调解的内容,其中规定:"行政复议机关办理行政复议案件,可以进行调解。"

条例依据新修订的《中华人民共和国行政复议法》,在本条对行政复议机关调解作出规定,将调解制度引入行政复议程序,利用调解灵活、高效、低对抗性的优势,进一步增强行政复议的制度弹性,妥善解决行政争议,同时还使调解结果更加便于执行。在司法实践中,行政争议的化解难度往往高于其他类型的纠纷案件,行政复议机关对于适宜调解的行政争议先行进行调解,能够把行政争议解决在行政复议审查阶段,可以大大节约行政复议机关和当事人的人力物力,提高行政效率。调解的引入缓和了行政主体与行政相对人之间的对立关系,增强了行政相对人对行政复议程序的公正感和认同感,使行政复议所追求的公平正义价值更趋实质化。通过调解,不仅可以解决行政争议，还可以营造行政机关和行政相对人之间的理性与和谐关系。通过调解达成的协议，体现了当事人的"自愿"和"合意"，当事人更容易自觉履行，有利于行政争议的实质性化解。

第四节 司法调解

第三十二条 本条例所称司法调解，是指司法机关在审理、办理有关案件过程中，通过释法析理等方法，依法指引当事人在平等协商、互谅互让基础上自愿达成调解协议，解决纠纷的活动。

● 释 义

本条是关于司法调解定义的规定。

早在抗日战争和解放战争时期，各个革命根据地和解放区的人民司法机关在民事审判工作中，就已经建立了司法调解制度。著名的"马锡五审判方式"就是在审理民事案件时，将审判和调解紧密结合起来，实行巡回就地审判。新中国成立后，在继承解放区人民司法工作优良传统的基础上，逐渐发展出"依靠群众、调查研究、就地解决、调解为主"的民事审判工作十六字方针。在总结历史经验的基础上，1982年制定的《中华人民共和国民事诉讼法（试行）》把"巡回审理，就地办案"和"着重进行调解"规定为民事诉讼的两项基本原则，把调解作为一项贯穿民事诉讼全过程的重要诉讼制度规定下来。现行《中华人民共和国民事诉讼法》把"着重进行调解"改为"根据自愿和合法的原则进行调解"，仍然把调解规定为民事诉讼中的一项重要制度，并专章对调解进行规定。

参照《中华人民共和国人民调解法》对人民调解的定义，条例对司法调解的定义进行了规定，同样明确了司法调解的主体是人民法院等司法机关；调解的范围是在审理、办理有关案件时的矛盾纠纷；仍然坚持调解自愿的原则，促成当事人自愿达成调解协议。可以说，司法调解既是人民法院在审理、办理有关案件过程中为贯彻调解制度所进行的一项诉讼活动，也是人民法院行使审判权解决纠纷、结束诉讼程序的一种方式。

第三十三条 人民法院在审判工作中应当坚持调解优先、调判结合的工作原则。

人民法院在立案之后、裁判作出之前,审判人员应当引导当事人调解。当事人同意调解的,应当及时调解。

● 释 义

本条是关于司法调解工作原则的规定。

2010年,最高人民法院印发《关于进一步贯彻"调解优先、调判结合"工作原则的若干意见》,指出:"各级法院要深刻认识调解在有效化解矛盾纠纷、促进社会和谐稳定中所具有的独特优势和重要价值,切实转变重裁判、轻调解的观念,把调解作为处理案件的首要选择,自觉主动地运用调解方式处理矛盾纠纷,把调解贯穿于立案、审判和执行的各个环节。"据此,条例规定:"人民法院在审判工作中应当坚持调解优先、调判结合的工作原则。人民法院在立案之后、裁判作出之前,审判人员应当引导当事人调解。当事人同意调解的,应当及时调解。"

此条与条例第十一条的区别是,第十一条主要解决的是人民法院在立案前的纠纷处理，可以采取委派调解的方式，将纠纷引导至人民法院之外的调解组织进行调解。而本条主要解决的是立案后、裁判作出之前纠纷的处理，审判人员应当引导当事人通过更加便捷高效的调解方式解决纠纷，当事人同意调解的，审判人员应当先行调解，调解不成再作出裁判。具体来讲，人民法院在审理案件的过程中，应当坚持调解优先、调判结合的工作原则，能调则调，当判则判，调判结合，案结事了。

在司法实践中，对于调解和裁判的选择和适用取决于具体案情以及当事人的选择，而并非由法院来决定，要根据每个案件的性质、具体情况和当事人的意愿，科学把握、运用调解或者裁判处理案件的基础和条件。对于有调解可能的，人民法院要从化解矛盾、降低当事人诉累的角度，尽最大可能促成调解；对于没有调解可能的、法律规定不得调解或当事人明确拒绝调解的案件，要尽快裁判，充分发挥调解与裁判两种手段的作用。既要注意纠正不顾办案效果、草率下判的做法，也要注意纠正片面追求调解率、不顾当事人意愿强迫调解的做法。调判结合的目的在于最大限度地尊重和保护当事人对自己权利的处分权，实现审判资源在诉讼过程中的最优化配置。

第三十四条 人民法院应当健全诉调程序衔接、调解协议效力确认等工作机制。

人民法院应当加强诉调对接平台建设，并为调解组织进驻创造条件，提供必要保障。

● 释　义

本条是关于健全诉调对接工作机制的规定。

"消未起之患、治未病之疾，医之于无事之前。"法治对维护社会和谐稳定具有不可替代的重要作用，但法治并不意味着所有矛盾纠纷都必须通过诉讼来化解。习近平总书记深刻指出，"我国国情决定了我们不能成为'诉讼大国'"。社会矛盾纠纷在解决途径方面呈现出多元而立体的特点，从根本上需要各方法治力量凝聚合力，引导当事人选择最合乎实际、对自己最有益的方式解决。人民法院是化解社会矛盾纠纷和保障公民权利的重要职能机关，必须重视"抓前端、治未病"，加强诉调对接等实践，完善诉调程序对接、调解协议效力确认等工作机制，强化诉调对接工作保障，推动法治力量向引导和疏导端用力，促使矛盾纠纷得到公正、高效、实质性化解和有效分流。

诉调程序衔接，是指人民法院对原定进入诉讼程序的纠纷进行分流，对于案情简单、事实清楚、争议不大且当事人双方有调解意愿的案件，通过委派、委托调解或者司法调解的方式进行化解的一种纠纷解决机制。调解协议效力确认，是有效保障调解协议法律效力，提升调解公信力的重要方式。健全完善这两种工作机制，能够有效搭建起诉讼与调解之间良性互动的桥梁，优化司法资源配置，提高司法效率，减少群众的诉讼成本。

实践中，派驻到人民法院的人民调解组织可以实现诉讼与调解的无缝衔接，让人民群众少跑路，"一站式"解决纠纷，有效减轻人民法院的审判压力，节约司法资源。根据"谁受益，谁保障"的原则，人民法院应当为调解组织进驻创造条件，提供必要保障，如提供办公场所、办公用品等，有条件的可以通过购买调解组织的调解服务的方式在经费方面予以保障。

第三十五条 人民法院在案件审理过程中，对适宜委托调解的案件，在征得当事人同意后，可以委托依法成立的调解组织进行调解。

● 释 义

本条是关于委托调解的相关规定。

本条与条例第三十三条都是人民法院在案件审理过程中对纠纷的处理方式。条例第三十三条是法官的调解，即司法调解，而本条是人民法院委托调解组织进行的调解，具体采取哪种方式，主要由法官进行把握。例如，医疗纠纷等专业领域的纠纷，在当事人均同意的情况下，人民法院委托专门从事医疗纠纷调解工作的人民调解委员会调解，如有利于纠纷的化解，法官即可以委托医疗纠纷人民调解委员会进行调解。

本条与条例第十一条的区别是，第十一条是人民法院在立案前的委派调解，本条是人民法院在立案后的委托调解。在实践中，人民法院委派调解达成的调解协议，一般由双方当事人通过向人民法院申请司法确认的方式赋予强制力；调解不成的，人民法院再立案审理。而人民法院委托调解达成调解协议后，一般由调解组织将案件转回人民法院，由人民法院出具民事调解书；调解不成的，可以直接进入诉讼程序，因为已经立案，无须再经过立案环节，由人民法院作出裁判。

第三十六条 人民法院等司法机关对依法可以和解的刑事案件，可以引导当事人通过调解组织调解，促成当事人达成和解；对其他刑事案件中的人身财产损害赔偿纠纷，可以委托调解组织进行调解。

● 释 义

本条是关于对可以和解的刑事案件和刑事附带民事案件适用调解的规定。

根据《中华人民共和国刑事诉讼法》第二百八十八条第一款的规定，下列公诉案件，犯罪嫌疑人、被告人真诚悔罪，通过向被害人赔偿损失、赔礼道歉等方式获得被害人谅解，被害人自愿和解的，双方当事人可以和解：（1）因民间纠纷引起，涉嫌刑法分则第四章、第五章规定的犯罪案件，可能判处三年有期徒刑以下刑罚的；（2）除渎职犯罪以外的可能判处七年有期徒刑以下刑罚的过失犯罪案件。

同时，最高人民检察院、公安部印发的《关于依法妥善办理轻伤害案件的指导意见》规定："对于轻伤害案件，符合刑事和解条件的，人民检察院、公安机关可以建议当事人进行和解，并告知相应的权利义务，必要时可以提供法律咨询，积极促进当事人自愿和解。当事人双方达成和解并已实际履行的，应当依法从宽处理，符合不起诉条件的，应当作出不起诉决定。被害人事后反悔要求追究犯罪嫌疑人刑事责任或者不同意对犯罪嫌疑人从宽处理的，人民检察院、公安机关应当调查了解原因，认为被害人理由正当的，应当依法保障被害人的合法权益；对和解系自愿、合法的，应当维持已作出的从宽处理决定。人民检察院、公安机关开展刑事和解工作的相关证据和材料，应当随案移送。""对符合刑事和解条件的，人民检察院、公安机关要充分利用检调、公调对接机制，依托调解组织、社会组织、基层组织、当事人所在单位及同事、亲友、律师等单位、个人，促进矛盾化解、纠纷解决。"

条例规定充分适用刑事和解制度，通过调解方式促成当事人和解，并将此规定拓展到刑事附带民事案件中的民事赔偿部分，从而避免潜在风险的升级和爆发，促进纠纷的实质性化解。

第三章 调 解 员

第三十七条 调解员应当由公道正派、身心健康、热心调解工作、廉洁自律、具有一定文化水平、熟悉政策和法律的人员担任。调解员应当自觉接受调解组织和人民监督。

调解组织应当按照国家有关规定配备专职调解员。专职调解员优先从律师、公证员、仲裁员、基层法律服务工作者、医生、教师、专家学者等社会专业人士和退休法官、检察官、民警、司法行政工作人员以及相关行业主管部门退休人员中选聘。

● 释 义

本条是关于调解员选任条件的规定。

一、担任调解员的基本条件

调解员是调解工作的具体承担者,肩负着化解矛盾、宣传法治、维护稳定、促进和谐的职责使命。调解员的选任条件包括政治素质、职业热情、专业知识和文化修养等多个方面，他们需要在工作中表现出公正无私的态度，以满足人民群众对公平、合理化解纠纷的需求，并在必要时提供专业的法律和政策支持。

《中华人民共和国人民调解法》规定，人民调解员应当由公道正派、热心人民调解工作，并具有一定文化水平、政策水平和法律知识的成年公民担任。以此为依据，条例在调解员的选任条件上增加了"身心健康"及"廉洁自律"两方面要求，并且将选任群体由我国"公民"扩大为不限国籍的"人员"，以此适应新时期矛盾纠纷化解工作的需要。

公道正派是对调解员道德品质的基本要求。为人公道、作风正派，能够客观地分析和判断事务，分清是非和责任，并敢于坚持原则，弘扬正气，主持正义。身心健康是对调解员身体和心理状况的要求，调解工作兼具脑力劳动和情绪劳动的特点，要求调解员持续地付出智力与情感，只有身心健康的人才能更好地承担调解工作的压力和负荷，保持良好的工作状态。热心调解工作是对调解员工作积极性的要求，即要热爱人民调解工作，积极、主动、耐心地从事人民调解工作，不在乎个人得失，勇于奉献。廉洁自律是对调解员纪律作风的要求，调解员在调解纠纷过程中是与纠纷当事人没有利害关系的"第三方"，为确保调解过程和结果的公正性，调解员要做到廉洁自律，不可偏袒任何一方，不滥用职权、不谋取私利、不违反法律法规，坚守道德底线，不受金钱和权力的诱惑，不索取、收受当事人的财物或者牟取其他不正当利益。对调解员"具有一定文化水平、政策水平和法律知识"的要求是指调解员必须适应其从事的调解工作，但在具体的文化水平、政策水平和法律知识的标准上不能搞"一刀切"。

将选任群体由"公民"扩大为"人员"，这是基于现实发展需要，对调解员选任条件作出的调整。随着经济社会的不断发展，矛盾纠纷的类型和主体不断变化，特别是在涉外商事领域纠纷的调解工作中，法律制度、文化背景、语言等方面的差异可能会对案件的处理产生影响，需要吸纳一些熟知国际贸易法规和惯例，熟悉不同国家语言、文化、法律制度且热心调解事业的外国人担任专（兼）职调解员，以便更好地解决纠纷，提升调解成功率。

调解组织和人民的监督，有助于调解员从中立的角度开展纠纷案件的调解工作，是纠纷案件得到公平、公正解决的有力保障，调解员应当自觉接受。

二、专职调解员的选聘

2022年9月，人力资源社会保障部等向社会公布了新修订的《中华人民共和国职业分类大典（2022年版）》，首次将调解员作为职业纳入其中，标志着我国正式确认了调解员这一职业分类，调解员的专业化、专职化也成为调解行业发展的方向。2018年4月，中央政法委等六部委印发了《关于加强人民调解员队伍建设的意见》，要求"要积极发展专职人民调解员队伍，行业性、专业性人民调解委员会应有3名以上专职人民调解员，乡镇（街道）人民调解委员会应有2名以上专职人民调解员，有条件的村（居）和企事业单位人民调解委员会应有1名以上专职人民调解员，派驻有关单位和部门的人民调解工作室应有2名以上专职人民调解员"。条例适应专职调解员的发展要求，鼓励优先从律师、公证员、仲裁员、基层法律服务工作者、医生、教师、专家学者等社会专业人士和退休法官、检察官、民警、司法行政工作人员以及相关行业主管部门的退休人员中选聘专职调解员。一方面，以上人群具备丰富的法律知识和专业背景，熟悉调解相关法律法规和政策，了解社会矛盾解决的基本原则和方法，对相关纠纷案件的理解更为透彻，能够运用专业知识快速找到纠纷症结，提高纠纷化解质效；另一方面，以上人群因为具有丰富的工作经验，往往具备较强的耐心和冷静的应对能力。矛盾纠纷往往带有复杂性和敏感性，调解过程中可能会遇到各种挑战和情绪化的当事人，这就需要调解员保持冷静和理性，妥善安抚当事人的情绪，化解矛盾。

第三十八条 商事调解组织调解员应当具有大专以上学历，熟悉商事交易规则、商事交易习惯，具备相关法律知识和三年以上工作经历。

● 释 义

本条是关于商事调解组织调解员选任条件的规定。

商事纠纷专业性强，牵涉主体类型复杂，涉及法律关系众多。开展商事纠纷调解工作，不仅需要调解员具有条例第三十七条规定的基本条件，还要求调解员具有商事领域相关知识储备和一定的工作经验，熟悉商事法律法规和相关政策、习惯。因此，条例对商事调解组织调解员的选任条件在学历、专业能力和工作经历上相较于一般调解员作出了更加严格的要求。

第三十九条 各级人民政府及有关部门应当指定具体人员负责统一指导或者从事行政调解工作，也可以根据需要聘请专兼职调解员。

行政机关可以邀请律师、公证员、退休法官、专家学者等专业人员参与调解。

● 释 义

本条是关于行政调解员的相关规定。

行政调解是各级人民政府及有关部门的重要职责。行政机关根据需要决定是否设立专门的行政调解组织，如果未设立专门的调解组织，行政机关应当指定具体人员来指导和从事行政调解工作；如果设立了专门的调解组织，也可以根据需要聘请专兼职调解员。

在开展行政调解工作时，为了更有效地解决矛盾纠纷，行政机关可以引入"外援"，即邀请在法律等方面具有专长的律师、公证员、退休法官、专家学者等专业人员参与调解，促进当事人自愿达成调解协议，推进纠纷的实质性化解。

第四十条 县级以上司法行政部门和人民法院、调解组织设立单位、相关行业主管部门以及调解协会等，应当按照各自职责，对调解员开展业务培训。

商事调解组织调解员应当接受省或者设区的市（地）调解协会的业务培训。

● 释　义

本条是关于开展调解员业务培训的规定。

随着矛盾纠纷主体和类型的复杂化、多元化，调解工作范围不断拓展，纠纷调解难度逐渐加大，调解员的业务素质、能力和调解水平，直接影响调解工作的质量，关系到纠纷能否成功化解。对调解员进行业务培训，提高调解员队伍整体素质，能够有效提高调解工作水平，提升矛盾纠纷化解质效，使调解工作不断适应时代的发展要求。因此，条例对加强调解员的培训作出了规定。

本条明确了对调解员开展培训工作的主体，包括县级以上司法行政部门和人民法院、调解组织设立单位、相关行业主管部门以及调解协会等。司法行政部门作为调解工作的指导部门，当然具有培训的职责；人民法院作为人民调解工作的业务指导部门，同样具有培训的职责；相关行业主管部门主要负责对调解员的某个专业领域知识的培训，如卫生健康部门对医疗纠纷调解员进行的医疗知识的培训等。以上部门应当在各自的职责范围内对调解员开展业务培训，同时，各部门也可以开展联合培训。

培训应当具有针对性和实用性，培训的内容要多元，形式要多样，可以采取专题讲座、案例分析、旁听庭审、模拟调解等多种形式，灵活运用线上线下相结合的方式开展培训，不断提高调解员的政治素质、法律素养和业务能力。

在各类纠纷中，商事纠纷涉及法律关系众多，往往更加复杂，专业性更强，涉案标的也更大，因此，商事调解组织的调解员需要具备更高的能力水平。条例特别规定，商事调解组织的调解员应当接受省或者设区的市（地）调解协会的业务培训，以期通过更为专业和严格的培训，提升商事调解组织调解员的能力素质，促进商事调解事业的健康发展。

第四十一条 调解员在调解活动中不得有下列行为：

（一）虚假调解或者制作虚假调解文书；

（二）报复、侮辱、殴打当事人；

（三）误导、欺骗、偏袒当事人；

（四）阻止当事人依法通过仲裁、行政、司法等途径维护权利；

（五）泄露当事人的个人隐私、商业秘密；

（六）牟取不正当利益；

（七）在人民调解中收费或者变相收费，在行业性专业性调解中违规收费；

（八）法律、法规等禁止的其他行为。

● 释 义

本条是关于调解员在调解活动中的禁止性规定。

调解工作是解决当事人之间纠纷的活动。在调解的过程中，调解员务必要做到公平公正、坚持原则、廉洁自律、文明调解、保护当事人的隐私和秘密、始终尊重和维护双方当事人的合法权利和权益。在倡导调解员坚持正确做法的同时，为进一步规范调解员的行为、明确责任，条例采取列举方式，对调解员的行为作出禁止性规定。

一是不得虚假调解或者制作虚假调解文书。虚假调解和制作虚假调解文书，不仅有违诚实信用原则，而且会扰乱正常的调解秩序，浪费调解资源，损害调解形象，甚至扰乱司法秩序、损害司法权威。调解的目的在于化解社会矛盾，解决当事人之间的纠纷，而虚假调解、制作虚假调解文书的行为极易侵害第三方的合法权益，形成新的社会矛盾，严重违背调解工作的宗旨，干扰正常的社会管理秩序。

二是不得报复、侮辱、殴打当事人。在调解中报复当事人，用语言、行为羞辱当事人，损害当事人人格或者名誉，殴打当事人，不仅行为本身违反法律，也会严重扰乱正常的调解秩序，损害调解的公正形象。在调解工作中，调解员要把握，调解工作的目标是化解纠纷、维护社会稳定，无论当事人的情绪和态度如何，调解员都要保持理性、耐心疏导，为当事人作出表率。即便当事人有不当言论、不文明行为，调解员也不得报复、侮辱、殴打当事人，而应当向当事人摆事实、讲法律、说道理，从而更好地消解矛盾、解决纠纷。

三是不得误导、欺骗、偏袒当事人。在调解活动中，调解员应当主持公道，不得故意使调解结果有利于一方当事人，损害另一方当事人的利益。"平等"是调解工作的基本原则，既要求双方当事人作为平等的主体参与调解，又要求调解员平等地对待双方当事人。出现误导、欺骗、偏袒一方当事人的现象，不仅违背调解原则，而且会使另一方当事人失去对调解的信任，破坏调解的正义性，导致调解丧失公信力。

四是不得阻止当事人依法通过仲裁、行政、司法等途径维护权利。纠纷的解决方式主要包括诉讼、调解、仲裁、行政裁决、行政复议等。调解活动必须在当事人自愿的基础上进行，这种自愿体现在调解工作的全过程，无论是在调解的申请或是调解的过程中，甚至是签订协议的前一刻，当事人都有权退出调解，选择通过仲裁、行政、司法等途径维护权利，调解员无权阻止。相反，对于当事人不愿意调解或者调解不成的案件，调解员还应当引导当事人通过仲裁、行政、司法等合法途径解决纠纷，避免矛盾外溢和升级。

五是不得泄露当事人的个人隐私、商业秘密。调解的保密性是其区别于诉讼的一个显著特征，也是调解获得双方当事人青睐的一个差异化优势。公民享有的隐私权是指公民对个人的、与公共利益无关的个人信息、私人活动和私有领域进行支配的一种人格权。调解员在调解婚姻、家庭、邻里等纠纷时，往往会接触到当事人的个人隐私，在调解过程中，无论当事人是否声明相关事实属于个人隐私，调解员都应当保密，不得对外泄露。

商业秘密是指不为公众所知悉，能为权利人带来经济利益，具有实用性并经权利人采取保密措施的技术信息和经营信息。商业秘密能够让经营者获得利益、竞争优势，或具有潜在商业利益。它关乎企业的竞争力，对企业的发展至关重要，有的甚至直接影响企业生存。在我国，商业秘密是受法律保护的。在可能涉及商业秘密的调解类型中，调解员务必要履行保守秘密的法定义务，不得对外披露调解相关信息。

六是不得牟取不正当利益。调解员从事调解工作应当公正廉洁、严格自律、自觉抵制外来诱惑，不得索取、收受当事人的财物或者牟取其他不正当利益。牟取不正当利益分为以下几种情况：一是调解员向当事人索要财物，接受当事人主动给予的财物，或者借助在调解工作中知晓的信息牟取不正当利益；二是调解员的家属或其他人代替调解员接受当事人给予的财物,且调解员在知晓后表示接受或者未主动归还。调解员在接受或变相接受当事人给予的财物后,无论有没有偏袒一方当事人,都违反了条例的相关规定。调解员从事调解工作,应当公正廉洁,面对财物的诱惑应当严格自律,不辜负群众的信任,依法公正地调解纠纷,树立调解员的良好形象。

七是不得在人民调解中收费或者变相收费,在行业性专业性调解中违规收费。《中华人民共和国人民调解法》明确规定,人民调解不得收取任何费用。人民调解委员会调解民间纠纷不收费,是由人民调解的性质决定的,是我国人民调解的优良传统,也是人民调解工作深受广大人民群众欢迎的一大特色。不收取费用,能够使人民调解更加贴近群众、更好地服务群众,让矛盾纠纷当事人愿意主动申请调解,从而最大限度地推动矛盾纠纷早发现、早化解,避免矛盾激化,充分发挥人民调解制度的职能作用,有力维护社会和谐稳定。

条例规定,依法登记的商事调解组织和律师调解组织等可以收取费用,收费标准应当报设区的市级司法行政部门备案,并向社会公开。也就是说,行业性专业性调解收费应当"明码标价",必须按照备案和公示的价格收取费用，不得有价格欺诈的行为。

八是法律、法规等禁止的其他行为。此项为"兜底"规定，除以上七项行为外，条例规定"法律、法规等禁止的其他行为"，避免出现遗漏。

第四十二条 县级以上司法行政部门应当组建由法学、心理学、社会工作及相关行业、专业领域专家学者或者具有丰富调解经验的实务工作者组成的调解咨询专家库，相关行业主管部门应当予以配合。

调解咨询专家库专家接受调解组织委托，为调解工作提供专家咨询意见和调解建议。

● 释 义

本条是关于建立调解咨询专家库的规定。

调解工作具有专业性，不仅要求调解员掌握一定的法律知识，还需要其掌握一定的政策、心理学等知识，特别是医疗、道路交通、劳动争议等领域，对专业性的要求更强。建立调解咨询专家库，能够实现法律、心理、社会工作等各领域人才资源的有效整合，充分发挥专家在服务和指导调解工作中的重要作用，为重大、疑难、复杂、专业性较强的矛盾纠纷提供专家咨询意见和调解建议，推动矛盾纠纷的有效化解。

近年来，黑龙江省积极组建符合龙江特色、时代特征、创新价值的调解咨询专家库，入库专家来自高校、法院、检察院、公安、司法行政、律师、卫生健康、知识产权等不同领域，覆盖社会工作、民法、商法、心理学、农学、医疗卫生等多个专业，实现了全省调解专家资源的共享和最大化利用。专家库成员积极"把脉会诊"，帮助化解了一批疑难纠纷案件，为黑龙江省调解工作提供了有力的专业支持。

本条规定了建立咨询专家库工作的责任主体，即县级以上司法行政部门，同时，相关行业主管部门如卫生健康、知识产权、人力资源和社会保障等部门应当予以配合。本条还规定了咨询专家库的工作方式，即接受调解组织委托，为调解工作提供专家咨询意见和调解建议。

# 第四章 调解活动

第四十三条 调解员发现矛盾纠纷，应当及时劝导当事人调解解决，化解矛盾。

对疑难复杂的矛盾纠纷，调解员应当及时向调解组织报告，由调解组织集中力量综合研判，分类处置。

● 释 义

本条是关于在调解活动中主动调解的相关规定。

调解不同于司法程序，并没有严格的管辖权属，也没有烦琐的申请、受理程序，其不拘形式、灵活便捷、便民利民的特点和优势，有利于调解员主动介入矛盾，及时抓住矛盾纠纷化解的最佳时机，将矛盾纠纷解决在萌芽状态。因此，条例规定调解员可以主动调解，当调解员发现纠纷时，基于调解自愿原则，调解员首先应当劝导当事人选择以调解方式化解纠纷，并积极开展调解工作。对于当场可以解决的纠纷就地化解；对于疑难复杂的纠纷，调解员当场或者一个人无法调解的，应当向调解组织报告，由调解组织视情况集中力量进行调解；如果涉及专业领域纠纷，也可以将案件转交更合适的行业性专业性调解组织调解。

第四十四条 当事人申请调解可以口头申请，也可以书面申请。口头申请的，由调解组织记录相关情况并由申请人签名确认；书面申请的，申请书应当载明申请人和对方当事人的基本信息、调解请求及事实和理由、相关证据等内容。

● 释　义

本条是关于调解活动的申请形式及要件的相关规定。

与诉讼制度相比，调解具有便捷、高效的优势特点。因此，当事人申请调解既可以采取口头形式，也可以采取书面形式。采取口头形式申请的，一般为简易纠纷，当事人只须口头提出，但调解组织应当记录相关情况并由申请人签名确认，确保当事人是在自愿的前提下提出申请的，并确认对方当事人的信息、纠纷的基本情况以及诉求等,便于开展后续调解工作。采取书面形式申请的,应当在申请书上写明申请人的基本信息、调解请求及事实和理由、相关证据等内容,以便为调解业务开展和后期形成书面文件并留存提供依据。

第四十五条 调解组织收到当事人调解申请后,应当予以登记,并征求其他当事人的意见,自收到调解申请之日起三个工作日内作出是否受理的决定。不予受理的,应当通知当事人并说明理由。

● 释 义

本条是关于受理调解申请的相关规定。

自愿是调解的基本原则,调解程序的启动需要至少一方当事人提出调解申请,即使是调解员主动介入,也需要征得当事人同意并由当事人提出调解申请。如果仅有一方当事人提出申请,调解组织应当予以登记,主动征求对方当事人的意见,并审查相关纠纷是否属于调解的工作范围,在三个工作日内决定是否受理。不予受理的原因主要有两方面:一是一方当事人提出申请,另一方当事人经过告知、劝导以后,仍然不愿意选择调解解决纠纷的,调解组织不予受理;二是当事人申请的纠纷不属于该调解组织的受理范围,如当事人向人民调解组织申请调解行政争议,当事人向调解组织申请调解不可以和解的刑事案件等。不予受理的,调解组织除应当向当事人说明理由以外,还应引导当事人通过其他合法途径化解纠纷,避免矛盾外溢和激化升级。

第四十六条 当事人可以共同选定或者通过调解组织指定一名或者二名以上调解员。二名以上调解员调解的,当事人应当共同选定或者通过调解组织指定其中一人为调解主持人。

● 释 义

本条是关于选定和指定调解员的规定。

当事人选定调解员也是自愿原则在调解工作中的体现。司法行政机关建立调解员名册,对外公示调解员的姓名、性别、工作年限、擅长领域等信息。当事人可以根据自己的判断,选择其信任的调解员进行调解,如果双方当事人不选择,也可以由调解组织指定合适的调解员进行调解。对于调解员的数量,一般不作限定,原则是有利于纠纷的调解。二名以上调解员调解的，应当由其中一人作为调解主持人主持调解工作，其他调解员协同、配合调解。从调解的实践看，双方当事人选择自己信任的调解员，更有利于消除当事人之间的隔阂，在平等协商的基础上达成调解协议，化解纠纷。

第四十七条 对简单、当即可以履行的纠纷，实行口头调解，调解员应当记录调解事项及结果。调解记录由调解员和当事人签名。当事人未签名的，调解员应当注明原因。

● 释 义

本条是关于调解记录的相关规定。

程序简便、高效快捷是调解区别于诉讼等其他纠纷解决方式的优势。对于简单、当即就可以调解成功的纠纷，调解员可以实行口头调解，并促成双方当事人达成口头调解协议。虽然双方达成的是口头协议且当即履行完毕，但调解组织和调解员也应当记录调解的基本情况及调解结果等内容，一是用于记录调解员的工作量，二是可以作为调解员领取"以案定补"经费的依据，三是可以作为双方当事人达成口头调解协议的证明。同时，本条规定，调解员和双方当事人要在调解记录上签名确认，但考虑到调解的自愿原则和便捷属性，不一定要求当事人必须签名，当事人未签名的，调解员注明未签名的原因即可。

第四十八条 调解活动以不公开为原则，公开为例外，可以按照下列程序进行：

（一）核对当事人和代理人身份，告知权利义务、回避事项和注意事项，询问纠纷当事人是否自愿参加调解和申请回避；

（二）当事人陈述纠纷的起因、经过、请求及其理由；

（三）询问当事人和证人，并出示和核对有关证据；

（四）对当事人进行劝解疏导；

（五）协商纠纷解决方案；

（六）当事人协商一致的，达成调解协议；

（七）宣布调解结果。

调解员调解纠纷应当制作调解笔录，由调解员和当事人签名。

● **释 义**

本条是关于调解活动不公开原则和基本程序的相关规定。

我国的诉讼制度以公开审判为原则,不公开审判为例外。而调解的保密性是其区别于诉讼的一个显著特征,遵循的是不公开调解为原则,公开调解为例外。

我国的人民调解工作在长期的实践中已经形成了一整套行之有效的程序规范,条例依据《中华人民共和国人民调解法》的有关规定,对调解活动的一般程序进行了规范,为调解员开展调解工作提供了程序指引。本条列举的七项调解程序为调解活动的一般程序,根本目的是促成双方当事人尽快达成调解协议,化解矛盾纠纷。

第四十九条 当事人可以自行约定调解期限,没有约定的,调解期限为三十日;情况复杂或者有其他特殊情形的,经当事人同意,调解期限可以延长三十日。法律法规对调解期限另有规定的,从其规定。

需要检测、检验、检疫、鉴定、调查核实相关情况的，其时间不计入调解期限。

超过调解期限未达成调解协议的，视为调解不成。

● 释 义

本条是关于调解期限的相关规定。

基于调解自愿原则，双方当事人可以自行约定调解期限。但为避免纠纷久拖不决，对于双方当事人未约定调解期限的，应当明确调解期限，这一方面可以促使双方当事人积极协商解决矛盾纠纷，另一方面可以避免一方当事人恶意拖延时间，造成矛盾激化升级。参照国务院公布的《医疗纠纷预防和处理条例》、司法部公布的《全国人民调解工作规范》等有关规定，以及调解实践，将调解期限规定为三十日，符合大部分矛盾纠纷调解工作周期。纠纷情况复杂或者调解中出现其他特殊情况的，经当事人同意，可以将调解期限延长三十日，从而更好地解决矛盾、化解纠纷。

在调解过程中，如遇到车辆损坏、人员受伤等问题，往往需要由相关检测、检验、检疫、鉴定部门作出检验或鉴定意见，需要一定的时间。在等待鉴定等意见的时间里，调解工作一般处于停滞状态，因此，此部分时间不应计算到调解期限中，从而更好地为调解员开展调解工作提供科学合理的工作周期。

本条规定超过调解期限未达成调解协议的，视为调解不成，可以有效避免久调不决，矛盾激化，同时也便于当事人选择其他途径保障自身的合法权益。

第五十条 调解过程中需要进行鉴定以明确责任的，调解组织可以委托由当事人共同选择的具备资质的鉴定机构进行鉴定。鉴定费的支付，有约定的，从其约定；没有约定的，由提出申请的当事人先行支付，调解程序终结时按照责任比例承担。

调解组织可以提供相关鉴定机构名录、收费标准、擅长领域等信息供当事人选择。

● 释 义

本条是关于调解过程中需要鉴定以明确责任的相关规定。

调解活动中，一些纠纷会涉及专门性问题，需要专业机构鉴定以明确责任。在调解实践中,一方当事人自行申请的鉴定,其鉴定意见往往很难得到另一方当事人的认可。如果调解组织作为第三方委托鉴定,便可以有效地解决这一问题。因此,条例明确,在自愿的前提下,调解组织可以委托由当事人共同选择的、具备资质的鉴定机构进行鉴定,调解组织可以提供相关鉴定机构名录、收费标准、擅长领域等信息供当事人选择,引导双方当事人通过鉴定明确责任,确保调解可以继续进行,促进双方争议的有效解决。同时,条例还就鉴定费用的支付方式作出了规定,避免双方当事人之间出现"次生"纠纷。

第五十一条 调解过程中当事人对争议事实、法律依据、责任分担、争议结果等争议较大的,调解组织可以在征得当事人同意后,委托第三方专业机构或者律师、公证员、专家等进行评估,评估意见作为调解的参考。

● 释 义

本条是关于中立评估制度的相关规定。

本条创新设立了中立评估制度。中立评估是国际通行的非诉讼纠纷解决方式，即通过无利害关系的第三方就案件可能的处理结果进行评估预测。当事人通过中立评估，可以对案件的走向形成合理预期。以此作为参考，将有助于当事人理性解决争议、促进纠纷的早期解决。

条例将中立评估制度与专家咨询制度相结合，作出了相关规定，一是通过中立评估制度，更好更快地化解纠纷，二是推动中立评估机构的发展。

第五十二条 人民法院委派、委托的调解案件，因客观原因当事人无法自行收集相关证据的，经调解组织申请，人民法院可以协助调查取证或者批准调解组织向有关单位或者个人调查收集相关证据。

● 释　义

本条是关于赋予调解组织调查取证权的相关规定。

与诉讼制度类似，调解也采取"谁主张，谁举证"原则，由双方当事人自行收集和提交证据。但在调解实践中，会遇到当事人无法自行收集关键证据的情况，如在医疗纠纷中，患方在医方治疗期间受到损害，转到其他医疗机构治疗后，患方在正常情况下无法取得其他医疗机构的"主观病历"，无法明确医方的过错责任，导致调解无法进行下去。为解决这一问题，参照律师"调查令"制度，条例在一定条件下赋予了调解组织调查取证的权力，即对于人民法院委派、委托的调解案件，因客观原因当事人无法自行收集相关证据的，经调解组织申请，人民法院可以协助调查取证，也可以批准调解组织向有关单位或者个人调查收集相关证据，以期快速查明事实，明确责任，化解纠纷。

第五十三条 调解过程中有下列情形之一的，终止调解：

（一）当事人撤回调解申请或者明确表示放弃调解；

（二）当事人隐瞒重要事实、提供虚假情况；

（三）经两次通知后，一方当事人无正当理由拒不参加调解；

（四）调解期限届满后，当事人没有申请延期或者没有重新约定调解期限；

（五）当事人就同一纠纷申请其他调解组织调解或者又选择诉讼、仲裁、行政裁决、行政复议等程序并被受理；

（六）调解活动难以进行的其他情形。

● 释　义

本条是关于终止调解的相关规定。

调解工作的职责和目的是快速化解纠纷，保护人民群众的合法权益，维护社会和谐稳定。但在调解实践中，有的当事人出于各种目的，在申请调解之后，会采取隐瞒事实、提供虚假证据，或者拒不参加调解等方式，拖延调解进程，导致一些纠纷案件久调不决，极易引发新的矛盾冲突，不利于矛盾纠纷的解决。条例规定了终止调解的六种情形，赋予调解组织根据实际情况，主动终止调解的权力，避免久调不决、矛盾激化。

第五十四条　调解达成的调解协议，一般应当采用书面形式，经当事人一致同意也可以采用口头形式。采用口头形式的，调解员应当如实记录调解内容。

书面调解协议自当事人签名、盖章或者按指印，调解员签名并加盖调解组织印章之日起生效。口头调解协议自当事人达成协议之日起生效。

● 释　义

　　本条是关于调解活动中调解协议达成与生效的相关规定。

　　产生纠纷的当事人，经调解组织调解后达成调解协议的，调解组织应当制作调解协议书。调解协议书是当事人意思自治的客观反映，是调解工作取得的成果，也是当事人到法院进行司法确认的凭据。在调解实践中，一些常见、多发和简单的民事纠纷，当事人之间有的是亲属、邻里关系，纠纷也是日常生活中的摩擦，并没有根本性的矛盾，经过调解后，当即赔礼道歉，或者答应马上履行承诺的情况比较普遍，不需要也没必要制作调解协议书，双方达成口头协议即可生效。不过，为保障调解协议的有效性和权威性，强化对口头协议的监督履行，口头调解也应当由调解员如实记录调解内容。书面调解协议的生效需要一定的条件，条例依照《中华人民共和国人民调解法》的规定，要求书面调解协议自当事人签名、盖章或者按指印，调解员签名并加盖调解组织印章之日起生效。

第五十五条 调解程序终结时，当事人未达成调解协议的，调解组织可以用书面形式记载调解过程中共同确认的事实，并由当事人签名或者盖章确认。

● 释 义

本条是关于无争议事实确认机制的相关规定。

调解程序终结，双方当事人虽未达成调解协议，但调解员已经做了大量卓有成效的工作，双方当事人就一定的事实已经达成一致。调解不成，当事人仍然会选择其他途径解决矛盾纠纷，维护自己的合法权益。为了充分利用调解工作成果，调解程序终结时，当事人未达成调解协议的，调解组织可以用书面形式记载调解过程中共同确认的事实，并经过当事人签名或者盖章确认。当事人选择通过其他途径解决矛盾纠纷，共同确认的事实既能够节省时间成本、节约司法资源，也能够促进纠纷更快更好化解。

第五章　保障与监督

第五十六条　经调解组织调解达成的调解协议,当事人应当全面履行。

调解组织应当对调解协议的履行情况进行回访并记录在案,督促当事人履行。

● 释　义

本条是关于调解协议效力的规定。

在调解组织的主持下达成调解协议,并不意味着纠纷的彻底解决,只有当事人完全履行调解协议中约定的义务,才能案结事了。调解是双方当事人自愿解决民间纠纷的一种形式,双方当事人既然能够自愿达成调解协议,自然说明调解协议的内容是双方当事人真实意思的表示,具有法律约束力。当事人应当严格按照协议内容履行,无正当理由不应反悔。一方当事人不履行的,对方当事人可以要求其履行,也可以请求调解组织督促其履行。

在实践中,经调解组织达成的调解协议,绝大多数当事人都能自觉履行,但也有一些当事人在达成调解协议后反悔,不按时履行调解协议。调解组织对调解协议的履行情况进行回访并记录在案,能够督促当事人及时并全面地履行调解协议,是保障调解协议效力的有效方式。

第五十七条 经调解组织调解达成调解协议后,当事人可以自调解协议生效之日起三十日内共同向有管辖权的人民法院申请司法确认;人民法院应当及时审查,经审查,符合法律规定的,裁定调解协议有效。当事人一方未履行或者未全面履行的,对方当事人可以依法向人民法院申请执行。

经调解组织调解达成劳动人事争议调解协议的,当事人可以自调解协议生效之日起十五日内,共同向有管辖权的劳动人事争议仲裁委员会提出仲裁审查申请。劳动人事争议仲裁委员会应当及时对调解协议进行审查,经审查认为调解协议的形式和内容合法有效的,应当依法制作调解书。

经商事调解组织等调解达成调解协议后，当事人可以自调解协议生效之日起三十日内共同向民商事仲裁机构提出书面仲裁申请，由仲裁机构依法制作调解书或者裁决书。

具有给付内容、债权债务关系明确的调解协议，当事人可以依法共同向公证机构申请办理具有强制执行效力的债权文书公证。

● 释 义

本条是关于调解协议效力确认的相关规定。

除行政复议调解外，调解协议一般具有合同的效力，一方当事人不履行的，另一方当事人仅可以就对方不履行调解协议中约定的义务向人民法院起诉，费时费力，也不利于维护调解的公信力。条例根据《中华人民共和国民事诉讼法》《中华人民共和国人民调解法》以及其他相关规范性文件的规定，明确了三类调解协议效力确认的形式，保证调解协议的有效履行，提高调解工作的权威性和公信力。

一是司法确认。《中华人民共和国民事诉讼法》第二百零五条规定："经依法设立的调解组织调解达成调解协议，申请司法确认的，由双方当事人自调解协议生效之日起三十日内，共同向下列人民法院提出：（一）人民法院邀请调解组织开展先行调解的，向作出邀请的人民法院提出；（二）调解组织自行开展调解的，向当事人住所地、标的物所在地、调解组织所在地的基层人民法院提出；调解协议所涉纠纷应当由中级人民法院管辖的，向相应的中级人民法院提出。"第二百零六条规定："人民法院受理申请后，经审查，符合法律规定的，裁定调解协议有效，一方当事人拒绝履行或者未全部履行的，对方当事人可以向人民法院申请执行；不符合法律规定的，裁定驳回申请，当事人可以通过调解方式变更原调解协议或者达成新的调解协议，也可以向人民法院提起诉讼。"《中华人民共和国人民调解法》第三十三条第一款规定："经人民调解委员会调解达成调解协议后，双方当事人认为有必要的，可以自调解协议生效之日起三十日内共同向人民法院申请司法确认，人民法院应当及时对调解协议进行审查，依法确认调解协议的效力。"人民法院依法确认调解协议有效，一方当事人拒绝履行或者未全部履行的，对方当事人可以向人民法院申请强制执行。通过人民法院对调解协议的审查，裁定调解协议是否有效，是调解协议效力确认的主要方式。

二是仲裁确认。仲裁确认分为劳动争议仲裁和商事仲裁两种。2009年《人力资源和社会保障部、司法部、中华全国总工会、中国企业联合会/中国企业家协会关于加强劳动人事争议调解工作的意见》规定："对当事人双方提出的确认调解协议的申请，仲裁委员会应及时受理，对合法的调解协议，可以出具仲裁调解书。"《劳动人事争议仲裁办案规则》第七十四条第一款规定："经调解组织调解达成调解协议的，双方当事人可以自调解协议生效之日起十五日内，共同向有管辖权的仲裁委员会提出仲裁审查申请。"第七十七条规定："仲裁委员会受理仲裁审查申请后，应当指定仲裁员对调解协议进行审查。仲裁委员会经审查认为调解协议的形式和内容合法有效的，应当制作调解书。调解书的内容应当与调解协议的内容相一致。调解书经双方当事人签收后，发生法律效力。"条例参照以上规定，明确对于劳动争议调解协议，劳动争议仲裁委员会可以进行审查，通过制作调解书的方式，将调解协议转换为仲裁调解书，从而使其具有强制执行效力。目前，民商事仲裁委员会对调解协议进行审查确认还没有相关规定。条例参照劳动人事争议仲裁规定，对于当事人提出的调解协议仲裁申请，民商事仲裁机构可以通过制作调解书或者裁决书予以确认使其具有强制执行效力。

三是赋强公证。《最高人民法院、司法部关于开展公证参与人民法院司法辅助事务试点工作的通知》规定，"人民法院通过吸纳公证机构进入人民法院特邀调解组织名册，进入名册的公证机构可以接受人民法院委派或委托在家事、商事等领域开展调解，发挥诉前引导程序性作用、开展调解前置程序改革。经委派调解达成协议的，公证机构可以应当事人申请，对具有给付内容、债权债务关系明确的和解、调解协议办理公证并赋予强制执行效力"。条例参照以上内容，规定对于具有给付内容、债权债务关系明确的调解协议，当事人可以共同向公证机构申请办理具有强制执行效力的债权文书公证，保障调解协议的有效履行。

第五十八条 调解组织设立单位和相关行业主管部门应当依法为调解员开展工作提供场所、设施等办公条件和必要的工作经费。

鼓励和倡导通过捐赠等方式为调解组织开展工

作提供经费支持。

鼓励和支持调解组织的设立单位为调解员购买人身意外伤害保险。

▅▶ 释 义

本条是关于调解经费保障的相关规定。

调解的公益性属性较强。《中华人民共和国人民调解法》明确规定，"人民调解委员会调解民间纠纷，不收取任何费用"。即便是可以收费的商事调解、律师调解，在实践中收费也较低。因此，加强调解经费保障是促进调解事业发展、发挥调解作用的题中应有之义。本条从三个层面对调解的经费保障作出了规定。一是明确调解经费的保障部门，包括调解组织的设立单位、行业主管部门。调解组织的设立单位当然负有对调解经费的保障义务；按照"谁受益，谁保障"的原则，行业主管部门应当为调解组织提供一些力所能及的保障措施。例如，公安部门应当为派驻到公安派出所的调解组织提供工作场所、设施等办公条件。二是除调解经费政府保障以外，发动全社会关心、支持调解这一公益事业，鼓励和倡导企业、个人、社会组织等通过捐款、捐物等方式，为调解组织提供经费支持。三是调解员开展调解活动时，会面对形形色色的当事人，个别当事人在调解现场情绪激动，容易迁怒于调解员，甚至对调解员造成人身伤害。为保障调解员的合法权益，条例鼓励调解组织的设立单位为调解员购买人身意外伤害保险，加强调解员的人身保障，解决调解员的"后顾之忧"，让调解员专心调解事业，吸引更多的有意调解事业的人员加入到调解队伍中来。

第五十九条 县级以上人民政府可以按照国家和省有关规定对人民调解员给予适当补贴。补贴标准由县级以上司法行政部门商同级财政部门确定。

符合规定的退休人员担任人民调解员的，可以领取补贴。

释 义

本条是关于人民调解员补贴制度的有关规定。

长期以来，广大人民调解员忠实履行化解矛盾纠纷的职责，积极开展矛盾纠纷的排查调解工作，为维护社会和谐稳定作出积极贡献。但是，由于人民调解不收费，人民调解员从事调解工作多是义务的、无偿的，往往为了调解矛盾纠纷耽误了自己的工作，影响了正常休息，有时还要自己解决交通费、通讯费等，在调解工作中承受了不小的压力。对人民调解员给予适当补贴，有利于提高人民调解员的工作热情，促进调解事业健康、有序发展。

一直以来，党和国家高度重视人民调解的保障工作。司法部、财政部曾出台多份规范性文件，对人民调解经费保障工作作出规定。2018年1月，财政部、司法部出台了《司法行政机关财务管理办法》，明确人民调解工作经费包括六项：司法行政机关指导人民调解工作经费，人民调解委员会工作补助经费，人民调解员补贴经费，专职人民调解员聘用经费，按规定承担的人民调解办案补贴，专家咨询费。2018年4月，中央政法委、最高人民法院、司法部、民政部、财政部、人力资源和社会保障部印发了《关于加强人民调解员队伍建设的意见》，明确人民调解员经费的补贴标准由县级以上司法行政部门商同级财政部门确定，建立动态调整机制。黑龙江省于2011年9月，由省财政厅、省司法厅出台了《黑龙江省人民调解员以案定补经费保障实施意见》，按照纠纷调解的难易程度、工作量的大小、社会影响的大小、调解办案的效率效果、协议的履行情况,对"以案定补"的金额发放标准进行了具体规定。各县级以上人民政府可以根据当地的财政保障能力,适时、适当调整补贴标准。条例对经费的保障方式、保障标准作出规定,旨在通过立法进一步强化人民调解经费保障,为调解事业的良性健康发展提供坚实保障。

退休人员,特别是公安、检察院、法院、司法行政等政法部门的退休人员,法律专业性强、具有丰富的群众工作经验,将此类人群聘任为人民调解员,不仅能够有效优化调解员队伍的专业结构,而且可以更好发挥退休人员的优势,促进矛盾纠纷的有效化解,维护社会和谐稳定。因此,条例规定,符合条件的退休人员,即没有明令禁止不得领取人民调解员补贴的退休人员,都可以按照中央、省有关规定,领取人民调解员补贴。

第六十条 人民调解员因从事调解工作致伤致残的,当地人民政府应当比照公职人员因公伤残的有关规定,提供必要的医疗、生活救助;人民调解员因工作原因死亡的,其配偶、子女由当地人民政府按照国家规定提供相应的抚恤和优待。

释义

本条是关于人民调解员救助、抚恤制度的有关规定。

人民调解员直接面对纠纷当事人，特别是在处理群体性纠纷、重大复杂纠纷和易激化纠纷时，矛盾双方一旦发生争执，情绪控制不住，往往会将矛头指向人民调解员，危及人民调解员的人身安全。近年来，全国每年都有人民调解员在调解过程中受到不同程度伤害的案例，甚至有的人民调解员牺牲在了调解一线。

调解工作对于为党和政府分忧、为群众解难、维护社会和谐稳定，具有重要价值和意义。人民调解员因从事调解工作受到经济损失、人身伤害致伤致残，当地人民政府应当给予补贴和救助，这是政府应尽的职责。对此，《中华人民共和国人民调解法》专门就对人民调解员的补贴、救助和抚恤进行了规定。条例以此为基础，在强调当地政府救助职责的基础上，进一步明确了相应的救助标准，即"应当比照公职人员因公伤残的有关规定，提供必要的医疗、生活救助"。

需要特别指出的是，"从事调解工作"并不仅仅局限在开展工作的过程中，也包括其他情形。例如，人民调解员前往调解现场途中因交通事故致伤致残，调解结束后被当事人打击报复等。救助内容为必要的医疗生活救助，这种责任是一种补充性质的最低责任，是人民调解员无法通过其他合理渠道得到救助时，政府应承担的责任，而非赔偿或补偿责任。因调解工作牺牲的人民调解员，其配偶、子女按照国家规定享受抚恤和优待。抚恤制度的适用对象为在人民调解工作岗位上牺牲的人民调解员。按照《关于加强人民调解员队伍建设的意见》落实人民调解员抚恤政策要求，各地政府可结合本地实际情况，探索多种资金渠道，为在调解工作中因工作原因死亡、伤残的人民调解员或其亲属提供帮扶。

第六十一条 省财政部门可以参照人民调解，将调解服务事项纳入政府购买服务指导性目录。

人民法院，县级以上人民政府及有关部门、单位可以通过政府购买调解服务方式，将受理的纠纷案件委托调解组织调解。

鼓励符合条件的人民调解组织、行业性专业性调解组织承接政府购买调解服务。

释义

本条是关于政府购买调解服务的相关规定。

《关于加强人民调解员队伍建设的意见》强调："通过政府购买服务推进人民调解工作。"2022年8月，黑龙江省财政厅印发《黑龙江省省级政府购买服务指导性目录》，将"人民调解服务"纳入政府购买服务指导性目录。条例将范围进一步扩大到"调解服务"，即包括人民调解在内的各类调解，并鼓励法院、公安、信访、卫健、民政、总工会、妇联等有关部门和单位根据需要购买人民调解组织、行业性专业性调解组织等提供的调解服务，从而释放宝贵的行政和司法资源力量，提升社会治理的能力和水平。

鼓励政府购买调解服务的意义还体现为：

一是有利于发挥调解职能作用。政府购买调解服务，不仅能够推动更多的矛盾纠纷通过调解方式解决，还将市场机制引入调解活动，对调解组织及其调解活动加以检验，倒逼调解组织向更加专业化、多元化的方向发展，调解组织在承接政府购买服务时，只有不断提高自身的服务水平和标准，才能更好地满足社会需求。此外，推动政府向调解组织购买调解服务，可以使调解组织的经费得到有效补充，使调解组织能够吸纳更多熟悉法律知识、调解业务的专业人才充实队伍，从而保证其所提供的调解服务的质量，使调解组织有能力同时承接更多的纠纷调解案件。

二是有利于推进服务型政府建设。在新的社会发展时期，为进一步提高服务人民群众和经济社会发展的能力和水平，我国政府正从管理型政府向服务型政府转变，推动政府购买公共服务正是实现这一转变的现实举措。政府购买调解服务能够将政府与调解组织的优势结合起来，帮助政府更好地管理和运作，有效减轻行政负累，更加科学、合理地分配行政资源，提高效率，更好地为社会提供服务。

第六十二条 具有行政调解职责的行政机关、行业性专业性调解组织或者其行业主管部门，应当每季度末向同级司法行政部门报送相关统计数据。

● 释　义

本条是关于调解工作数据统计的相关规定。

构建"大调解"工作格局,需要对调解的整体情况进行了解和把握。条例第七条第一款规定,"县级以上司法行政部门负责本行政区域调解工作的组织、协调、指导、监督"。因此,本条规定相关部门、单位、调解组织应当定期向司法行政部门报送与调解相关的统计数据。数据统计的主要目的在于:一是借助数据统计了解纠纷的特点和规律,分析民间纠纷发生的新情况、新特点,提高调解工作的针对性和预见性;二是通过分析调解案件的争议类型、调解周期和费用,了解纠纷解决的难点和瓶颈,了解现行调解工作机制的运行效率和成本效益,优化资源配置,促进工作机制的完善;三是掌握调解工作的开展情况、效果和影响力,分析发展趋势,从而对相关政策和制度进行优化和改进;四是将了解掌握的、事关民生的热点难点等问题及时反馈给党和政府,为其依法科学决策提供参考。

第六十三条 调解协会应当加强对调解组织和调解员的服务、管理和监督,履行下列职责:

(一)保障调解员依法调解,维护调解员的合法权益;

(二)总结、交流调解工作经验,组织开展调解理论研究和宣传工作;

(三)依法制定行业规范和惩戒规则;

(四)组织调解员职业道德、调解业务、工作纪律等培训;

(五)组织开展调解组织、调解员工作评查;

(六)对调解组织、调解员依照协会章程和工作评查结果实施奖励和惩戒;

(七)受理对调解员的投诉或者举报,处理调解员开展调解活动中发生的纠纷,受理调解员的申诉;

(八)法律、法规、规章规定的其他职责。

释 义

本条是关于调解协会的职责的规定。

调解协会是连接政府与社会的重要纽带。厘清、明确调解协会的具体职责,能够利用调解协会对调解组织和调解员的约束力,加强行业自律,协助政府加强对调解组织和调解员的管理和监督,对整合调解资源、规范调解行为、完善调解制度建设、促进调解员依法履职、维护调解员合法权益等具有重要作用。条例基于调解工作的性质和需要，借鉴《中华人民共和国律师法》对律师协会职责的规定，结合黑龙江省实际情况，对调解协会的职责进行了规定，相关内容具有普适性，便于各地复制或参考，各地调解协会也可根据当地调解工作的实际情况和特点，进一步细化和完善调解协会的职责。

第六十四条 调解员在调解活动中违反本条例有关规定的，由其所在的调解组织给予批评教育、责令改正；情节严重的，由司法行政部门在调解员名册中除名；造成严重后果的，依法追究其相关法律责任。

● 释 义

本条是关于调解员违反法律规定应承担的法律后果的规定。

为了进一步规范调解员的行为、明确责任，条例参照《中华人民共和国人民调解法》对人民调解员的行为的规范，以及《关于加强人民调解员队伍建设的意见》中关于人民调解员退出机制的有关规定，在条例的第四条、第四十一条分别规定了调解工作应当遵循的原则和调解员不得从事的行为，并在本条规定了调解员违反规定的法律后果。

调解是居中解决当事人权利义务纠纷的活动。调解员是调解工作的具体承担者，倡导其遵守职业道德，对其进行行为规范是十分必要的。行为规范既有利于调解员开展调解工作，也有助于保障当事人的合法权益。调解员一旦违反条例中的有关规定，特别是实施条例第四十一条规定的禁止性行为，不仅会导致双方当事人将矛头指向调解员，也会进而损害整个调解员队伍的形象，破坏调解在群众之中的威信，而且会影响纠纷的有效化解，甚至导致矛盾纠纷激化升级，造成更为严重的后果。调解组织收到群众反映或者发现调解员违反行为规范的，应当进行认真调查，调查属实，情节轻微的，应及时对调解员进行批评教育，责令其改正；情节较重的，不适宜继续从事调解工作的，应当由推选或者聘任单位予以罢免或者解聘，由司法行政部门将其从调解员名册中除名；造成严重后果的，还应依法追究其相关法律责任。

第六章 附　　则

第六十五条　本条例自2024年1月1日起施行。

● 释　义

本条是关于条例施行日期的规定。

法的施行日期即法的生效时间，属于法的时间效力范围，是构成法的效力范围的重要内容。法的生效时间，是指法发生效力的具体日期。法从这个日期开始施行，所以又称为"施行日期"。《中华人民共和国立法法》第六十一条规定："法律应当明确规定施行日期。"

应当说明的是，法律法规的施行需要具备一些必要的条件，如相关场所、设施、经费和行政主管部门、组织及其人员对法律法规的理解和掌握等。为了给法律法规的施行留出必要的准备时间，一般，新通过的法律法规不是立即施行，而会留出一段准备期。《黑龙江省人民代表大会及其常务委员会立法条例》规定："法规规定的生效日期与公布日期的间隔至少为30日,但特殊情况除外。"条例于2023年11月2日通过,依法于2023年11月13日在《黑龙江日报》上公布,自2024年1月1日起施行。条例的涉及范围广,与其相关的行政主管部门、调解组织众多,为条例的施行留出充分的准备时间是必要的。

附 录

黑龙江省调解条例

（2023年11月2日黑龙江省第十四届人民代表大会常务委员会第八次会议通过　2023年11月2日黑龙江省第十四届人民代表大会常务委员会公告第12号公布　自2024年1月1日起施行）

第一章　总　　则

第一条　为了加强和规范调解工作，有效化解社会矛盾纠纷，提升社会治理效能，维护社会和谐稳定，根据《中华人民共和国人民调解法》等法律、行政法规，结合本省实际，制定本条例。

第二条　本省行政区域内的人民调解、行业性专业性调解、行政调解、司法调解等调解工作和有关活动适用本条例。法律、行政法规对调解工作和有关活动另有规定的，从其规定。

第三条　本条例所称调解，是指依法成立的调解组织或者行政机关、司法机关，通过说服、劝导、解释、沟通、释法析理等方法，促使当事人在平等协商、互谅互让基础上自愿达成协议，解决纠纷的活动。

第四条　调解工作应当坚持中国共产党的领导，坚持和发展新时代"枫桥经验"、"浦江经验"。

调解工作遵循自愿、平等的原则，保护个人隐私和商业秘密，不得损害国家利益、社会公共利益、他人合法权益，不得违反法律法规、国家政策，不得违背公序良俗。

第五条 县级以上司法行政部门应当与相关行业主管部门、行政调解职能部门、审判机关、检察机关等加强工作统筹，构建完善以人民调解为基础，人民调解、行业性专业性调解、行政调解、司法调解优势互补、分工协作、衔接联动的大调解工作格局。

第六条 省司法行政部门应当加强调解工作信息化建设，组织建立全省综合性、一站式调解工作平台，推广在线咨询、线上调解等服务，推动相关部门、单位数据对接共享。

第七条 县级以上司法行政部门负责本行政区域调解工作的组织、协调、指导、监督。

县级以上卫生健康、公安、市场监管、民政、住房和城乡建设、自然资源、生态环境、交通运输、城市管理、农业农村等行政调解职能部门负责本部门行政调解工作。

行业主管部门对本行业领域的调解工作和有关活动给予支持和保障。

人民法院等司法机关负责司法调解工作。

第八条 县级以上人民政府应当按照"一地一会"的原则，支持成立地域性调解协会。调解协会接受同级司法行政部门的指导。

第九条 鼓励行政机关、人民团体、社会组织、企业事业单位等依法设立调解组织，鼓励人大代表、政协委员、专家学者、专业技术人员、政法单位退休人员、城乡社区工作者、到村（社区）任职大学生以及当地德高望重的人员等担任调解员，参与调解工作。

县级以上司法行政部门应当分类建立并向社会公开调解组织和调解员名册，及时通报所在地同级人民法院。

调解组织、调解员可以加入所在地调解协会。

第十条 调解组织和调解员发现矛盾纠纷时，可以主动调解。

当事人一方明确拒绝调解的，不得调解。

鼓励当事人在签订合同、协议时订立调解条款，优先选择调解方式解决矛盾纠纷。

行政机关、法律法规授权的具有管理公共事务职能的组织（以下统称行政机关）在行政管理中发现矛盾纠纷或者在办理符合调解条件的行政裁决、行政复议案件时，可以告知并引导当事人先行调解。

律师事务所、公证机构、基层法律服务所等法律服务机构接受法律咨询、提供法律服务时，应当告知当事人各类纠纷化解途径及其特点，引导当事人优先选择调解方式解决。

第十一条 对下列纠纷，人民法院在登记立案前，征得当事人同意后，可以委派依法成立的调解组织先行调解：

（一）家事纠纷；

（二）劳动人事争议纠纷；

（三）机动车交通事故责任纠纷；

（四）医疗损害责任纠纷；

（五）宅基地和相邻关系纠纷；

（六）农村土地承包合同纠纷；

（七）数额较小的民间借贷、买卖、借用纠纷；

（八）物业服务合同纠纷；

（九）拖欠水、电、气、热力费纠纷；

（十）消费者权益保护纠纷；

（十一）涉未成年人校园纠纷；

（十二）其他人民法院认为适宜调解的民商事纠纷。

经先行调解达成协议的，应当制作调解协议书；调解未达成协议或者调解协议书生效前当事人一方反悔的，人民法院应当及时立案。

第十二条　县级以上人民政府及有关部门、单位应当宣传调解工作，推广调解工作典型经验。对在调解工作中有突出贡献的集体、个人，按照国家有关规定给予表彰奖励。

第十三条　县级以上人民政府应当将调解工作经费纳入本级财政预算，专款专用。

第二章　调解类别

第一节　人民调解

第十四条　本条例所称人民调解，是指人民调解委员会通过说服、疏导等方法，促使当事人在平等协商、互谅互让基础上自愿达成调解协议，解决民间纠纷的活动。

第十五条　村民委员会、居民委员会应当依法设立人民调解委员会，乡镇、街道和企业事业单位、社会团体或者其他组织根据需要依法设立人民调解委员会。

设区的市（地）、县（市、区）设立人民调解中心，根据需要设立医疗、婚姻家庭、消费者权益保护、物业、交通事故、知识产权、劳动人事争议等人民调解组织。

人民调解组织可以在人民法院和公安、信访部门等处理纠纷较多的单位，设立派驻式人民调解工作室。

具备条件的人民调解员可以申请设立个人调解工作室。

鼓励人民调解工作室、个人调解工作室以特有名称命名，创建品牌调解室。

第十六条　人民调解组织调解平等民事主体之间，涉及当事人有权处分的人身、财产权益的纠纷。

第十七条　人民调解组织应当自设立、变更或者撤销之日起三十日内将组织名称、人员组成、场所和联系方式向所在地县级以上司法行政部门备案。备案部门应当根据变动事项及时调整人民调解组织、调解员名册。

第十八条　人民调解组织应当有固定的调解场所，悬挂调解组织标牌和人民调解标识，公示调解范围、调解流程、调解员名单、工作纪律和当事人权利义务等内容。

第二节　行业性专业性调解

第十九条　本条例所称行业性专业性调解，是指依法成立的商事、律师、劳动人事争议等调解组织，通过说服、劝导等方法，促使当事人在平等协商、互谅互让基础上自愿达成调解协议，解决行业、专业领域纠纷的活动。

第二十条　大中型企业应当依法设立劳动争议调解委员会。小微型企业可以单独或者联合设立劳动争议调解委员会，也可以由劳动者和企业共同推举人员，开展调解工作。

第二十一条　律师协会可以设立律师调解组织，鼓励律师事务所设立律师调解组织，组织律师参与调解工作，化解矛盾纠纷。

第二十二条　成立商事调解组织应当经设区的市级司法行政部门审查同意，并依法登记。

商事调解组织根据章程可以调解贸易、投资、金融、证券、知识产权、技术转让、房地产、工程承包、运输、保险等领域的矛盾纠纷。

第二十三条　成立商事调解组织应当具备下列条件：

（一）名称中应当有"商事调解"字样；

（二）有自己的住所、章程和组织机构；

（三）有调解所需的场地、设施和必要的财产；

（四）有三名以上的专职调解员。

仲裁委员会可以设立商事调解组织。

第二十四条 经当事人共同申请，公证机构可以对适宜调解、涉及公证事项的争议进行调解。经调解当事人达成新的协议并申请公证的，公证机构应当办理公证；调解不成的，公证机构应当告知当事人可以依法向人民法院提起诉讼或者向仲裁机构申请仲裁。

公证机构可以接受人民法院委派或者委托开展调解。

第二十五条 依法登记的商事调解组织和律师调解组织等可以提供咨询、调解等有偿服务并制定收费标准。收费标准应当报设区的市级司法行政部门备案，并向社会公开。

依法登记的律师调解组织进驻人民法院、公共法律服务机构开展调解服务，不得向当事人收取费用。

第三节 行政调解

第二十六条 本条例所称行政调解，是指行政机关依据法律、法规，通过解释、沟通等方法，促使当事人在平等协商、互谅互让基础上自愿达成调解协议，解决相关民事纠纷和行政争议的活动。

第二十七条 县级以上人民政府应当建立由政府负总责、司法行政部门组织指导、各职能部门为主体的行政调解工作机制。

第二十八条 县级以上人民政府有关部门应当在司法行政部门指导下建立行政调解权责清单，明确本部门依法可以调解的纠纷范围。

行政调解权责清单应当在本部门或者本级政府网站上公开。

第二十九条 乡（镇）人民政府可以设立农村土地承包经营纠纷调解委员会，对农村土地承包经营纠纷进行调解。

第三十条 行政机关裁决自然资源权属争议、知识产权侵权纠纷和补偿争议、政府采购活动争议等纠纷应当先行调解。经调解达成协议的,由行政机关制作调解协议书;调解不能达成协议的,行政机关应当及时作出裁决。

第三十一条 对于适宜调解的行政争议,行政复议机关在立案前,可以按照自愿、合法的原则先行调解。

第四节 司法调解

第三十二条 本条例所称司法调解,是指司法机关在审理、办理有关案件过程中,通过释法析理等方法,依法指引当事人在平等协商、互谅互让基础上自愿达成调解协议,解决纠纷的活动。

第三十三条 人民法院在审判工作中应当坚持调解优先、调判结合的工作原则。

人民法院在立案之后、裁判作出之前,审判人员应当引导当事人调解。当事人同意调解的,应当及时调解。

第三十四条 人民法院应当健全诉调程序衔接、调解协议效力确认等工作机制。

人民法院应当加强诉调对接平台建设,并为调解组织进驻创造条件,提供必要保障。

第三十五条 人民法院在案件审理过程中,对适宜委托调解的案件,在征得当事人同意后,可以委托依法成立的调解组织进行调解。

第三十六条 人民法院等司法机关对依法可以和解的刑事案件,可以引导当事人通过调解组织调解,促成当事人达成和解;对其他刑事案件中的人身财产损害赔偿纠纷,可以委托调解组织进行调解。

第三章 调 解 员

第三十七条 调解员应当由公道正派、身心健康、热心调解工作、廉洁自律、具有一定文化水平、熟悉政策和法律的人员担任。调解员应当自觉接受调解组织和人民监督。

调解组织应当按照国家有关规定配备专职调解员。专职调解员优先从律师、公证员、仲裁员、基层法律服务工作者、医生、教师、专家学者等社会专业人士和退休法官、检察官、民警、司法行政工作人员以及相关行业主管部门退休人员中选聘。

第三十八条 商事调解组织调解员应当具有大专以上学历,熟悉商事交易规则、商事交易习惯,具备相关法律知识和三年以上工作经历。

第三十九条 各级人民政府及有关部门应当指定具体人员负责统一指导或者从事行政调解工作,也可以根据需要聘请专兼职调解员。

行政机关可以邀请律师、公证员、退休法官、专家学者等专业人员参与调解。

第四十条 县级以上司法行政部门和人民法院、调解组织设立单位、相关行业主管部门以及调解协会等,应当按照各自职责,对调解员开展业务培训。

商事调解组织调解员应当接受省或者设区的市(地)调解协会的业务培训。

第四十一条 调解员在调解活动中不得有下列行为:

(一)虚假调解或者制作虚假调解文书;

(二)报复、侮辱、殴打当事人;

（三）误导、欺骗、偏袒当事人；

（四）阻止当事人依法通过仲裁、行政、司法等途径维护权利；

（五）泄露当事人的个人隐私、商业秘密；

（六）牟取不正当利益；

（七）在人民调解中收费或者变相收费，在行业性专业性调解中违规收费；

（八）法律、法规等禁止的其他行为。

第四十二条　县级以上司法行政部门应当组建由法学、心理学、社会工作及相关行业、专业领域专家学者或者具有丰富调解经验的实务工作者组成的调解咨询专家库，相关行业主管部门应当予以配合。

调解咨询专家库专家接受调解组织委托，为调解工作提供专家咨询意见和调解建议。

第四章　调解活动

第四十三条　调解员发现矛盾纠纷，应当及时劝导当事人调解解决，化解矛盾。

对疑难复杂的矛盾纠纷，调解员应当及时向调解组织报告，由调解组织集中力量综合研判，分类处置。

第四十四条　当事人申请调解可以口头申请，也可以书面申请。口头申请的，由调解组织记录相关情况并由申请人签名确认；书面申请的，申请书应当载明申请人和对方当事人的基本信息、调解请求及事实和理由、相关证据等内容。

第四十五条　调解组织收到当事人调解申请后，应当予以登记，并征求其他当事人的意见，自收到调解申请之日起三个工作日内作出是否受理的决定。不予受理的，应当通知当事人并说明理由。

第四十六条 当事人可以共同选定或者通过调解组织指定一名或者二名以上调解员。二名以上调解员调解的，当事人应当共同选定或者通过调解组织指定其中一人为调解主持人。

第四十七条 对简单、当即可以履行的纠纷，实行口头调解，调解员应当记录调解事项及结果。调解记录由调解员和当事人签名。当事人未签名的，调解员应当注明原因。

第四十八条 调解活动以不公开为原则，公开为例外，可以按照下列程序进行：

（一）核对当事人和代理人身份，告知权利义务、回避事项和注意事项，询问纠纷当事人是否自愿参加调解和申请回避；

（二）当事人陈述纠纷的起因、经过、请求及其理由；

（三）询问当事人和证人，并出示和核对有关证据；

（四）对当事人进行劝解疏导；

（五）协商纠纷解决方案；

（六）当事人协商一致的，达成调解协议；

（七）宣布调解结果。

调解员调解纠纷应当制作调解笔录，由调解员和当事人签名。

第四十九条 当事人可以自行约定调解期限，没有约定的，调解期限为三十日；情况复杂或者有其他特殊情形的，经当事人同意，调解期限可以延长三十日。法律法规对调解期限另有规定的，从其规定。

需要检测、检验、检疫、鉴定、调查核实相关情况的，其时间不计入调解期限。

超过调解期限未达成调解协议的，视为调解不成。

第五十条 调解过程中需要进行鉴定以明确责任的，调解组织可以委托由当事人共同选择的具备资质的鉴定机构进行鉴定。鉴定费的支付，有约定的，从其约定；没有约定的，由提出申请的当事人先行支付，调解程序终结时按照责任比例承担。

调解组织可以提供相关鉴定机构名录、收费标准、擅长领域等信息供当事人选择。

第五十一条 调解过程中当事人对争议事实、法律依据、责任分担、争议结果等争议较大的，调解组织可以在征得当事人同意后，委托第三方专业机构或者律师、公证员、专家等进行评估，评估意见作为调解的参考。

第五十二条 人民法院委派、委托的调解案件，因客观原因当事人无法自行收集相关证据的，经调解组织申请，人民法院可以协助调查取证或者批准调解组织向有关单位或者个人调查收集相关证据。

第五十三条 调解过程中有下列情形之一的，终止调解：

（一）当事人撤回调解申请或者明确表示放弃调解；

（二）当事人隐瞒重要事实、提供虚假情况；

（三）经两次通知后，一方当事人无正当理由拒不参加调解；

（四）调解期限届满后，当事人没有申请延期或者没有重新约定调解期限；

（五）当事人就同一纠纷申请其他调解组织调解或者又选择诉讼、仲裁、行政裁决、行政复议等程序并被受理；

（六）调解活动难以进行的其他情形。

第五十四条 调解达成的调解协议，一般应当采用书面形式，经当事人一致同意也可以采用口头形式。采用口头形式的，调解员应当如实记录调解内容。

书面调解协议自当事人签名、盖章或者按指印，调解员签名并加盖调解组织印章之日起生效。口头调解协议自当事人达成协议之日起生效。

第五十五条 调解程序终结时，当事人未达成调解协议的，调解组织可以用书面形式记载调解过程中共同确认的事实,并由当事人签名或者盖章确认。

第五章　保障与监督

第五十六条　经调解组织调解达成的调解协议,当事人应当全面履行。

调解组织应当对调解协议的履行情况进行回访并记录在案,督促当事人履行。

第五十七条　经调解组织调解达成调解协议后,当事人可以自调解协议生效之日起三十日内共同向有管辖权的人民法院申请司法确认;人民法院应当及时审查,经审查,符合法律规定的,裁定调解协议有效。当事人一方未履行或者未全面履行的,对方当事人可以依法向人民法院申请执行。

经调解组织调解达成劳动人事争议调解协议的,当事人可以自调解协议生效之日起十五日内,共同向有管辖权的劳动人事争议仲裁委员会提出仲裁审查申请。劳动人事争议仲裁委员会应当及时对调解协议进行审查,经审查认为调解协议的形式和内容合法有效的,应当依法制作调解书。

经商事调解组织等调解达成调解协议后,当事人可以自调解协议生效之日起三十日内共同向民商事仲裁机构提出书面仲裁申请,由仲裁机构依法制作调解书或者裁决书。

具有给付内容、债权债务关系明确的调解协议,当事人可以依法共同向公证机构申请办理具有强制执行效力的债权文书公证。

第五十八条　调解组织设立单位和相关行业主管部门应当依法为调解员开展工作提供场所、设施等办公条件和必要的工作经费。

鼓励和倡导通过捐赠等方式为调解组织开展工作提供经费支持。

鼓励和支持调解组织的设立单位为调解员购买人身意外伤害保险。

第五十九条 县级以上人民政府可以按照国家和省有关规定对人民调解员给予适当补贴。补贴标准由县级以上司法行政部门商同级财政部门确定。

符合规定的退休人员担任人民调解员的,可以领取补贴。

第六十条 人民调解员因从事调解工作致伤致残的,当地人民政府应当比照公职人员因公伤残的有关规定,提供必要的医疗、生活救助;人民调解员因工作原因死亡的,其配偶、子女由当地人民政府按照国家规定提供相应的抚恤和优待。

第六十一条 省财政部门可以参照人民调解,将调解服务事项纳入政府购买服务指导性目录。

人民法院,县级以上人民政府及有关部门、单位可以通过政府购买调解服务方式,将受理的纠纷案件委托调解组织调解。

鼓励符合条件的人民调解组织、行业性专业性调解组织承接政府购买调解服务。

第六十二条 具有行政调解职责的行政机关、行业性专业性调解组织或者其行业主管部门,应当每季度末向同级司法行政部门报送相关统计数据。

第六十三条 调解协会应当加强对调解组织和调解员的服务、管理和监督,履行下列职责:

(一)保障调解员依法调解,维护调解员的合法权益;

(二)总结、交流调解工作经验,组织开展调解理论研究和宣传工作;

(三)依法制定行业规范和惩戒规则;

(四)组织调解员职业道德、调解业务、工作纪律等培训;

（五）组织开展调解组织、调解员工作评查；

（六）对调解组织、调解员依照协会章程和工作评查结果实施奖励和惩戒；

（七）受理对调解员的投诉或者举报，处理调解员开展调解活动中发生的纠纷，受理调解员的申诉；

（八）法律、法规、规章规定的其他职责。

第六十四条 调解员在调解活动中违反本条例有关规定的，由其所在的调解组织给予批评教育、责令改正；情节严重的，由司法行政部门在调解员名册中除名；造成严重后果的，依法追究其相关法律责任。

第六章 附 则

第六十五条 本条例自2024年1月1日起施行。

中华人民共和国人民调解法

（2010年8月28日第十一届全国人民代表大会常务委员会第十六次会议通过 2010年8月28日中华人民共和国主席令第34号公布 自2011年1月1日起施行）

第一章 总 则

第一条 为了完善人民调解制度，规范人民调解活动，及时解决民间纠纷，维护社会和谐稳定，根据宪法，制定本法。

第二条 本法所称人民调解，是指人民调解委员会通过说服、疏导等方法，促使当事人在平等协商基础上自愿达成调解协议，解决民间纠纷的活动。

第三条 人民调解委员会调解民间纠纷，应当遵循下列原则：

（一）在当事人自愿、平等的基础上进行调解；

（二）不违背法律、法规和国家政策；

（三）尊重当事人的权利，不得因调解而阻止当事人依法通过仲裁、行政、司法等途径维护自己的权利。

第四条 人民调解委员会调解民间纠纷，不收取任何费用。

第五条 国务院司法行政部门负责指导全国的人民调解工作，县级以上地方人民政府司法行政部门负责指导本行政区域的人民调解工作。

基层人民法院对人民调解委员会调解民间纠纷进行业务指导。

第六条 国家鼓励和支持人民调解工作。县级以上地方人民政府对人民调解工作所需经费应当给予必要的支持和保障，对有突出贡献的人民调解委员会和人民调解员按照国家规定给予表彰奖励。

第二章 人民调解委员会

第七条 人民调解委员会是依法设立的调解民间纠纷的群众性组织。

第八条 村民委员会、居民委员会设立人民调解委员会。企业事业单位根据需要设立人民调解委员会。

人民调解委员会由委员三至九人组成，设主任一人，必要时，可以设副主任若干人。

人民调解委员会应当有妇女成员，多民族居住的地区应当有人数较少民族的成员。

第九条 村民委员会、居民委员会的人民调解委员会委员由村民会议或者村民代表会议、居民会议推选产生；企业事业单位设立的人民调解委员会委员由职工大会、职工代表大会或者工会组织推选产生。

人民调解委员会委员每届任期三年，可以连选连任。

第十条 县级人民政府司法行政部门应当对本行政区域内人民调解委员会的设立情况进行统计，并且将人民调解委员会以及人员组成和调整情况及时通报所在地基层人民法院。

第十一条 人民调解委员会应当建立健全各项调解工作制度，听取群众意见，接受群众监督。

第十二条 村民委员会、居民委员会和企业事业单位应当为人民调解委员会开展工作提供办公条件和必要的工作经费。

第三章 人民调解员

第十三条 人民调解员由人民调解委员会委员和人民调解委员会聘任的人员担任。

第十四条 人民调解员应当由公道正派、热心人民调解工作，并具有一定文化水平、政策水平和法律知识的成年公民担任。

县级人民政府司法行政部门应当定期对人民调解员进行业务培训。

第十五条 人民调解员在调解工作中有下列行为之一的，由其所在的人民调解委员会给予批评教育、责令改正，情节严重的，由推选或者聘任单位予以罢免或者解聘：

（一）偏袒一方当事人的；

（二）侮辱当事人的；

（三）索取、收受财物或者牟取其他不正当利益的；

（四）泄露当事人的个人隐私、商业秘密的。

第十六条 人民调解员从事调解工作，应当给予适当的误工补贴；因从事调解工作致伤致残，生活发生困难的，当地人民政府应当提供必要的医疗、生活救助；在人民调解工作岗位上牺牲的人民调解员，其配偶、子女按照国家规定享受抚恤和优待。

第四章 调解程序

第十七条 当事人可以向人民调解委员会申请调解；人民调解委员会也可以主动调解。当事人一方明确拒绝调解的，不得调解。

第十八条 基层人民法院、公安机关对适宜通过人民调解方式解决的纠纷，可以在受理前告知当事人向人民调解委员会申请调解。

第十九条 人民调解委员会根据调解纠纷的需要，可以指定一名或者数名人民调解员进行调解，也可以由当事人选择一名或者数名人民调解员进行调解。

第二十条 人民调解员根据调解纠纷的需要，在征得当事人的同意后，可以邀请当事人的亲属、邻里、同事等参与调解，也可以邀请具有专门知识、特定经验的人员或者有关社会组织的人员参与调解。

人民调解委员会支持当地公道正派、热心调解、群众认可的社会人士参与调解。

第二十一条 人民调解员调解民间纠纷，应当坚持原则，明法析理，主持公道。

调解民间纠纷，应当及时、就地进行，防止矛盾激化。

第二十二条　人民调解员根据纠纷的不同情况,可以采取多种方式调解民间纠纷,充分听取当事人的陈述,讲解有关法律、法规和国家政策,耐心疏导,在当事人平等协商、互谅互让的基础上提出纠纷解决方案,帮助当事人自愿达成调解协议。

第二十三条　当事人在人民调解活动中享有下列权利:

(一)选择或者接受人民调解员;

(二)接受调解、拒绝调解或者要求终止调解;

(三)要求调解公开进行或者不公开进行;

(四)自主表达意愿、自愿达成调解协议。

第二十四条　当事人在人民调解活动中履行下列义务:

(一)如实陈述纠纷事实;

(二)遵守调解现场秩序,尊重人民调解员;

(三)尊重对方当事人行使权利。

第二十五条　人民调解员在调解纠纷过程中,发现纠纷有可能激化的,应当采取有针对性的预防措施;对有可能引起治安案件、刑事案件的纠纷,应当及时向当地公安机关或者其他有关部门报告。

第二十六条　人民调解员调解纠纷,调解不成的,应当终止调解,并依据有关法律、法规的规定,告知当事人可以依法通过仲裁、行政、司法等途径维护自己的权利。

第二十七条　人民调解员应当记录调解情况。人民调解委员会应当建立调解工作档案,将调解登记、调解工作记录、调解协议书等材料立卷归档。

第五章　调　解　协　议

第二十八条　经人民调解委员会调解达成调解协议的,可以制作调解协议书。当事人认为无需制作调解协议书的,可以采取口头协议方式,人民调解员应当记录协议内容。

第二十九条 调解协议书可以载明下列事项:

(一)当事人的基本情况;

(二)纠纷的主要事实、争议事项以及各方当事人的责任;

(三)当事人达成调解协议的内容,履行的方式、期限。

调解协议书自各方当事人签名、盖章或者按指印,人民调解员签名并加盖人民调解委员会印章之日起生效。调解协议书由当事人各执一份,人民调解委员会留存一份。

第三十条 口头调解协议自各方当事人达成协议之日起生效。

第三十一条 经人民调解委员会调解达成的调解协议,具有法律约束力,当事人应当按照约定履行。

人民调解委员会应当对调解协议的履行情况进行监督,督促当事人履行约定的义务。

第三十二条 经人民调解委员会调解达成调解协议后,当事人之间就调解协议的履行或者调解协议的内容发生争议的,一方当事人可以向人民法院提起诉讼。

第三十三条 经人民调解委员会调解达成调解协议后,双方当事人认为有必要的,可以自调解协议生效之日起三十日内共同向人民法院申请司法确认,人民法院应当及时对调解协议进行审查,依法确认调解协议的效力。

人民法院依法确认调解协议有效,一方当事人拒绝履行或者未全部履行的,对方当事人可以向人民法院申请强制执行。

人民法院依法确认调解协议无效的,当事人可以通过人民调解方式变更原调解协议或者达成新的调解协议,也可以向人民法院提起诉讼。

第六章　附　　则

第三十四条　乡镇、街道以及社会团体或者其他组织根据需要可以参照本法有关规定设立人民调解委员会，调解民间纠纷。

第三十五条　本法自 2011 年 1 月 1 日起施行。

人民调解委员会组织条例

（1989 年 5 月 5 日国务院第 40 次常务会议通过　1989 年 6 月 17 日中华人民共和国国务院令第 37 号发布　自发布之日起施行）

第一条　为了加强人民调解委员会的建设，及时调解民间纠纷，增进人民团结，维护社会安定，以利于社会主义现代化建设，制定本条例。

第二条　人民调解委员会是村民委员会和居民委员会下设的调解民间纠纷的群众性组织，在基层人民政府和基层人民法院指导下进行工作。

基层人民政府及其派出机关指导人民调解委员会的日常工作由司法助理员负责。

第三条　人民调解委员会由委员三至九人组成，设主任一人，必要时可以设副主任。

人民调解委员会委员除由村民委员会成员或者居民委员会成员兼任的以外由群众选举产生，每三年改选一次，可以连选连任。

多民族居住地区的人民调解委员会中,应当有人数较少的民族的成员。

人民调解委员会委员不能任职时,由原选举单位补选。

人民调解委员会委员严重失职或者违法乱纪的,由原选举单位撤换。

第四条 为人公正,联系群众,热心人民调解工作,并有一定法律知识和政策水平的成年公民,可以当选为人民调解委员会委员。

第五条 人民调解委员会的任务为调解民间纠纷,并通过调解工作宣传法律、法规、规章和政策,教育公民遵纪守法,尊重社会公德。

人民调解委员会应当向村民委员会或者居民委员会反映民间纠纷和调解工作的情况。

第六条 人民调解委员会的调解工作应当遵守以下原则:

(一)依据法律、法规、规章和政策进行调解,法律、法规、规章和政策没有明确规定的,依据社会公德进行调解;

(二)在双方当事人自愿平等的基础上进行调解;

(三)尊重当事人的诉讼权利,不得因未经调解或者调解不成而阻止当事人向人民法院起诉。

第七条 人民调解委员会根据当事人的申请及时调解纠纷;当事人没有申请的,也可以主动调解。

人民调解委员会调解纠纷可以由委员一人或数人进行;跨地区、跨单位的纠纷,可以由有关的各方调解组织共同调解。

人民调解委员会调解纠纷,可以邀请有关单位和个人参加,被邀请的单位和个人应当给予支持。

第八条 人民调解委员会调解纠纷,应当在查明事实、分清是非的基础上,充分说理,耐心疏导,消除隔阂,帮助当事人达成协议。

调解纠纷应当进行登记，制作笔录，根据需要或者当事人的请求，可以制作调解协议书。调解协议书应当有双方当事人和调解人员的签名，并加盖人民调解委员会的印章。

第九条 人民调解委员会主持下达成的调解协议，当事人应当履行。

经过调解，当事人未达成协议或者达成协议后又反悔的，任何一方可以请求基层人民政府处理，也可以向人民法院起诉。

第十条 基层人民政府对于人民调解委员会主持下达成的调解协议，符合法律、法规、规章和政策的，应当予以支持；违背法律、法规、规章和政策的，应当予以纠正。

第十一条 人民调解委员会调解民间纠纷不收费。

第十二条 人民调解委员会委员必须遵守以下纪律：

（一）不得徇私舞弊；

（二）不得对当事人压制、打击报复；

（三）不得侮辱、处罚当事人；

（四）不得泄露当事人的隐私；

（五）不得吃请受礼。

第十三条 各级人民政府对成绩显著的人民调解委员会和调解委员应当予以表彰和奖励。

第十四条 对人民调解委员会委员，根据情况可以给予适当补贴。

人民调解委员会的工作经费和调解委员的补贴经费，由村民委员会或者居民委员会解决。

第十五条 企业、事业单位根据需要设立的人民调解委员会，参照本条例执行。

第十六条 本条例由司法部负责解释。

第十七条 本条例自发布之日起施行。1954年3月22日原中央人民政府政务院公布的《人民调解委员会暂行组织通则》同时废止。

中华人民共和国劳动争议调解仲裁法

（2007年12月29日第十届全国人民代表大会常务委员会第三十一次会议通过 2007年12月29日中华人民共和国主席令第80号公布 自2008年5月1日起施行）

第一章 总 则

第一条 为了公正及时解决劳动争议，保护当事人合法权益，促进劳动关系和谐稳定，制定本法。

第二条 中华人民共和国境内的用人单位与劳动者发生的下列劳动争议，适用本法：

（一）因确认劳动关系发生的争议；

（二）因订立、履行、变更、解除和终止劳动合同发生的争议；

（三）因除名、辞退和辞职、离职发生的争议；

（四）因工作时间、休息休假、社会保险、福利、培训以及劳动保护发生的争议；

（五）因劳动报酬、工伤医疗费、经济补偿或者赔偿金等发生的争议；

（六）法律、法规规定的其他劳动争议。

第三条 解决劳动争议，应当根据事实，遵循合法、公正、及时、着重调解的原则，依法保护当事人的合法权益。

第四条 发生劳动争议，劳动者可以与用人单位协商，也可以请工会或者第三方共同与用人单位协商，达成和解协议。

第五条　发生劳动争议，当事人不愿协商、协商不成或者达成和解协议后不履行的，可以向调解组织申请调解；不愿调解、调解不成或者达成调解协议后不履行的，可以向劳动争议仲裁委员会申请仲裁；对仲裁裁决不服的，除本法另有规定的外，可以向人民法院提起诉讼。

第六条　发生劳动争议，当事人对自己提出的主张，有责任提供证据。与争议事项有关的证据属于用人单位掌握管理的，用人单位应当提供；用人单位不提供的，应当承担不利后果。

第七条　发生劳动争议的劳动者一方在十人以上，并有共同请求的，可以推举代表参加调解、仲裁或者诉讼活动。

第八条　县级以上人民政府劳动行政部门会同工会和企业方面代表建立协调劳动关系三方机制，共同研究解决劳动争议的重大问题。

第九条　用人单位违反国家规定，拖欠或者未足额支付劳动报酬，或者拖欠工伤医疗费、经济补偿或者赔偿金的，劳动者可以向劳动行政部门投诉，劳动行政部门应当依法处理。

第二章　调　　解

第十条　发生劳动争议，当事人可以到下列调解组织申请调解：
（一）企业劳动争议调解委员会；
（二）依法设立的基层人民调解组织；
（三）在乡镇、街道设立的具有劳动争议调解职能的组织。

企业劳动争议调解委员会由职工代表和企业代表组成。职工代表由工会成员担任或者由全体职工推举产生，企业代表由企业负责人指定。企业劳动争议调解委员会主任由工会成员或者双方推举的人员担任。

第十一条 劳动争议调解组织的调解员应当由公道正派、联系群众、热心调解工作,并具有一定法律知识、政策水平和文化水平的成年公民担任。

第十二条 当事人申请劳动争议调解可以书面申请,也可以口头申请。口头申请的,调解组织应当当场记录申请人基本情况、申请调解的争议事项、理由和时间。

第十三条 调解劳动争议,应当充分听取双方当事人对事实和理由的陈述,耐心疏导,帮助其达成协议。

第十四条 经调解达成协议的,应当制作调解协议书。

调解协议书由双方当事人签名或者盖章,经调解员签名并加盖调解组织印章后生效,对双方当事人具有约束力,当事人应当履行。

自劳动争议调解组织收到调解申请之日起十五日内未达成调解协议的,当事人可以依法申请仲裁。

第十五条 达成调解协议后,一方当事人在协议约定期限内不履行调解协议的,另一方当事人可以依法申请仲裁。

第十六条 因支付拖欠劳动报酬、工伤医疗费、经济补偿或者赔偿金事项达成调解协议,用人单位在协议约定期限内不履行的,劳动者可以持调解协议书依法向人民法院申请支付令。人民法院应当依法发出支付令。

第三章 仲 裁

第一节 一般规定

第十七条 劳动争议仲裁委员会按照统筹规划、合理布局和适应实际需要的原则设立。省、自治区人民政府可以决定在市、县设立；直辖市人民政府可以决定在区、县设立。直辖市、设区的市也可以设立一个或者若干个劳动争议仲裁委员会。劳动争议仲裁委员会不按行政区划层层设立。

第十八条 国务院劳动行政部门依照本法有关规定制定仲裁规则。省、自治区、直辖市人民政府劳动行政部门对本行政区域的劳动争议仲裁工作进行指导。

第十九条 劳动争议仲裁委员会由劳动行政部门代表、工会代表和企业方面代表组成。劳动争议仲裁委员会组成人员应当是单数。

劳动争议仲裁委员会依法履行下列职责：

（一）聘任、解聘专职或者兼职仲裁员；

（二）受理劳动争议案件；

（三）讨论重大或者疑难的劳动争议案件；

（四）对仲裁活动进行监督。

劳动争议仲裁委员会下设办事机构，负责办理劳动争议仲裁委员会的日常工作。

第二十条 劳动争议仲裁委员会应当设仲裁员名册。

仲裁员应当公道正派并符合下列条件之一：

（一）曾任审判员的；

（二）从事法律研究、教学工作并具有中级以上职称的；

（三）具有法律知识、从事人力资源管理或者工会等专业工作满五年的；

（四）律师执业满三年的。

第二十一条 劳动争议仲裁委员会负责管辖本区域内发生的劳动争议。

劳动争议由劳动合同履行地或者用人单位所在地的劳动争议仲裁委员会管辖。双方当事人分别向劳动合同履行地和用人单位所在地的劳动争议仲裁委员会申请仲裁的,由劳动合同履行地的劳动争议仲裁委员会管辖。

第二十二条 发生劳动争议的劳动者和用人单位为劳动争议仲裁案件的双方当事人。

劳务派遣单位或者用工单位与劳动者发生劳动争议的,劳务派遣单位和用工单位为共同当事人。

第二十三条 与劳动争议案件的处理结果有利害关系的第三人,可以申请参加仲裁活动或者由劳动争议仲裁委员会通知其参加仲裁活动。

第二十四条 当事人可以委托代理人参加仲裁活动。委托他人参加仲裁活动,应当向劳动争议仲裁委员会提交有委托人签名或者盖章的委托书,委托书应当载明委托事项和权限。

第二十五条 丧失或者部分丧失民事行为能力的劳动者,由其法定代理人代为参加仲裁活动;无法定代理人的,由劳动争议仲裁委员会为其指定代理人。劳动者死亡的,由其近亲属或者代理人参加仲裁活动。

第二十六条 劳动争议仲裁公开进行,但当事人协议不公开进行或者涉及国家秘密、商业秘密和个人隐私的除外。

第二节 申请和受理

第二十七条 劳动争议申请仲裁的时效期间为一年。仲裁时效期间从当事人知道或者应当知道其权利被侵害之日起计算。

前款规定的仲裁时效,因当事人一方向对方当事人主张权利,或者向有关部门请求权利救济,或者对方当事人同意履行义务而中断。从中断时起,仲裁时效期间重新计算。

因不可抗力或者有其他正当理由,当事人不能在本条第一款规定的仲裁时效期间申请仲裁的，仲裁时效中止。从中止时效的原因消除之日起，仲裁时效期间继续计算。

劳动关系存续期间因拖欠劳动报酬发生争议的，劳动者申请仲裁不受本条第一款规定的仲裁时效期间的限制；但是，劳动关系终止的，应当自劳动关系终止之日起一年内提出。

第二十八条 申请人申请仲裁应当提交书面仲裁申请，并按照被申请人人数提交副本。

仲裁申请书应当载明下列事项：

（一）劳动者的姓名、性别、年龄、职业、工作单位和住所，用人单位的名称、住所和法定代表人或者主要负责人的姓名、职务；

（二）仲裁请求和所根据的事实、理由；

（三）证据和证据来源、证人姓名和住所。

书写仲裁申请确有困难的，可以口头申请，由劳动争议仲裁委员会记入笔录，并告知对方当事人。

第二十九条 劳动争议仲裁委员会收到仲裁申请之日起五日内，认为符合受理条件的，应当受理，并通知申请人；认为不符合受理条件的，应当书面通知申请人不予受理，并说明理由。对劳动争议仲裁委员会不予受理或者逾期未作出决定的，申请人可以就该劳动争议事项向人民法院提起诉讼。

第三十条 劳动争议仲裁委员会受理仲裁申请后，应当在五日内将仲裁申请书副本送达被申请人。

被申请人收到仲裁申请书副本后，应当在十日内向劳动争议仲裁委员会提交答辩书。劳动争议仲裁委员会收到答辩书后，应当在五日内将答辩书副本送达申请人。被申请人未提交答辩书的，不影响仲裁程序的进行。

第三节　开庭和裁决

第三十一条 劳动争议仲裁委员会裁决劳动争议案件实行仲裁

庭制。仲裁庭由三名仲裁员组成，设首席仲裁员。简单劳动争议案件可以由一名仲裁员独任仲裁。

第三十二条　劳动争议仲裁委员会应当在受理仲裁申请之日起五日内将仲裁庭的组成情况书面通知当事人。

第三十三条　仲裁员有下列情形之一，应当回避，当事人也有权以口头或者书面方式提出回避申请：

（一）是本案当事人或者当事人、代理人的近亲属的；

（二）与本案有利害关系的；

（三）与本案当事人、代理人有其他关系，可能影响公正裁决的；

（四）私自会见当事人、代理人，或者接受当事人、代理人的请客送礼的。

劳动争议仲裁委员会对回避申请应当及时作出决定，并以口头或者书面方式通知当事人。

第三十四条　仲裁员有本法第三十三条第四项规定情形，或者有索贿受贿、徇私舞弊、枉法裁决行为的，应当依法承担法律责任。劳动争议仲裁委员会应当将其解聘。

第三十五条　仲裁庭应当在开庭五日前，将开庭日期、地点书面通知双方当事人。当事人有正当理由的，可以在开庭三日前请求延期开庭。是否延期，由劳动争议仲裁委员会决定。

第三十六条　申请人收到书面通知，无正当理由拒不到庭或者未经仲裁庭同意中途退庭的，可以视为撤回仲裁申请。

被申请人收到书面通知，无正当理由拒不到庭或者未经仲裁庭同意中途退庭的，可以缺席裁决。

第三十七条　仲裁庭对专门性问题认为需要鉴定的，可以交由当事人约定的鉴定机构鉴定；当事人没有约定或者无法达成约定的，由仲裁庭指定的鉴定机构鉴定。

根据当事人的请求或者仲裁庭的要求，鉴定机构应当派鉴定人参加开庭。当事人经仲裁庭许可，可以向鉴定人提问。

第三十八条 当事人在仲裁过程中有权进行质证和辩论。质证和辩论终结时，首席仲裁员或者独任仲裁员应当征询当事人的最后意见。

第三十九条 当事人提供的证据经查证属实的，仲裁庭应当将其作为认定事实的根据。

劳动者无法提供由用人单位掌握管理的与仲裁请求有关的证据，仲裁庭可以要求用人单位在指定期限内提供。用人单位在指定期限内不提供的，应当承担不利后果。

第四十条 仲裁庭应当将开庭情况记入笔录。当事人和其他仲裁参加人认为对自己陈述的记录有遗漏或者差错的，有权申请补正。如果不予补正，应当记录该申请。

笔录由仲裁员、记录人员、当事人和其他仲裁参加人签名或者盖章。

第四十一条 当事人申请劳动争议仲裁后，可以自行和解。达成和解协议的，可以撤回仲裁申请。

第四十二条 仲裁庭在作出裁决前，应当先行调解。

调解达成协议的，仲裁庭应当制作调解书。

调解书应当写明仲裁请求和当事人协议的结果。调解书由仲裁员签名，加盖劳动争议仲裁委员会印章，送达双方当事人。调解书经双方当事人签收后，发生法律效力。

调解不成或者调解书送达前，一方当事人反悔的，仲裁庭应当及时作出裁决。

第四十三条 仲裁庭裁决劳动争议案件，应当自劳动争议仲裁委员会受理仲裁申请之日起四十五日内结束。案情复杂需要延期的，经劳动争议仲裁委员会主任批准，可以延期并书面通知当事人，但

147

是延长期限不得超过十五日。逾期未作出仲裁裁决的，当事人可以就该劳动争议事项向人民法院提起诉讼。

仲裁庭裁决劳动争议案件时，其中一部分事实已经清楚，可以就该部分先行裁决。

第四十四条 仲裁庭对追索劳动报酬、工伤医疗费、经济补偿或者赔偿金的案件，根据当事人的申请，可以裁决先予执行，移送人民法院执行。

仲裁庭裁决先予执行的，应当符合下列条件：

（一）当事人之间权利义务关系明确；

（二）不先予执行将严重影响申请人的生活。

劳动者申请先予执行的，可以不提供担保。

第四十五条 裁决应当按照多数仲裁员的意见作出，少数仲裁员的不同意见应当记入笔录。仲裁庭不能形成多数意见时，裁决应当按照首席仲裁员的意见作出。

第四十六条 裁决书应当载明仲裁请求、争议事实、裁决理由、裁决结果和裁决日期。裁决书由仲裁员签名，加盖劳动争议仲裁委员会印章。对裁决持不同意见的仲裁员，可以签名，也可以不签名。

第四十七条 下列劳动争议，除本法另有规定的外，仲裁裁决为终局裁决，裁决书自作出之日起发生法律效力：

（一）追索劳动报酬、工伤医疗费、经济补偿或者赔偿金，不超过当地月最低工资标准十二个月金额的争议；

（二）因执行国家的劳动标准在工作时间、休息休假、社会保险等方面发生的争议。

第四十八条 劳动者对本法第四十七条规定的仲裁裁决不服的，可以自收到仲裁裁决书之日起十五日内向人民法院提起诉讼。

第四十九条 用人单位有证据证明本法第四十七条规定的仲裁裁决有下列情形之一，可以自收到仲裁裁决书之日起三十日内向劳动争议仲裁委员会所在地的中级人民法院申请撤销裁决：

（一）适用法律、法规确有错误的；

（二）劳动争议仲裁委员会无管辖权的；

（三）违反法定程序的；

（四）裁决所根据的证据是伪造的；

（五）对方当事人隐瞒了足以影响公正裁决的证据的；

（六）仲裁员在仲裁该案时有索贿受贿、徇私舞弊、枉法裁决行为的。

人民法院经组成合议庭审查核实裁决有前款规定情形之一的，应当裁定撤销。

仲裁裁决被人民法院裁定撤销的，当事人可以自收到裁定书之日起十五日内就该劳动争议事项向人民法院提起诉讼。

第五十条 当事人对本法第四十七条规定以外的其他劳动争议案件的仲裁裁决不服的，可以自收到仲裁裁决书之日起十五日内向人民法院提起诉讼；期满不起诉的，裁决书发生法律效力。

第五十一条 当事人对发生法律效力的调解书、裁决书，应当依照规定的期限履行。一方当事人逾期不履行的，另一方当事人可以依照民事诉讼法的有关规定向人民法院申请执行。受理申请的人民法院应当依法执行。

第四章　附　　则

第五十二条 事业单位实行聘用制的工作人员与本单位发生劳动争议的，依照本法执行；法律、行政法规或者国务院另有规定的，依照其规定。

第五十三条 劳动争议仲裁不收费。劳动争议仲裁委员会的经费由财政予以保障。

第五十四条 本法自 2008 年 5 月 1 日起施行。

中华人民共和国农村土地承包经营纠纷调解仲裁法

（2009 年 6 月 27 日第十一届全国人民代表大会常务委员会第九次会议通过　2009 年 6 月 27 日中华人民共和国主席令第 14 号公布　自 2010 年 1 月 1 日起施行）

第一章　总　则

第一条　为了公正、及时解决农村土地承包经营纠纷，维护当事人的合法权益，促进农村经济发展和社会稳定，制定本法。

第二条　农村土地承包经营纠纷调解和仲裁，适用本法。

农村土地承包经营纠纷包括：

（一）因订立、履行、变更、解除和终止农村土地承包合同发生的纠纷；

（二）因农村土地承包经营权转包、出租、互换、转让、入股等流转发生的纠纷；

（三）因收回、调整承包地发生的纠纷；

（四）因确认农村土地承包经营权发生的纠纷；

（五）因侵害农村土地承包经营权发生的纠纷；

（六）法律、法规规定的其他农村土地承包经营纠纷。

因征收集体所有的土地及其补偿发生的纠纷，不属于农村土地承包仲裁委员会的受理范围，可以通过行政复议或者诉讼等方式解决。

第三条 发生农村土地承包经营纠纷的，当事人可以自行和解，也可以请求村民委员会、乡（镇）人民政府等调解。

第四条 当事人和解、调解不成或者不愿和解、调解的，可以向农村土地承包仲裁委员会申请仲裁，也可以直接向人民法院起诉。

第五条 农村土地承包经营纠纷调解和仲裁，应当公开、公平、公正，便民高效，根据事实，符合法律，尊重社会公德。

第六条 县级以上人民政府应当加强对农村土地承包经营纠纷调解和仲裁工作的指导。

县级以上人民政府农村土地承包管理部门及其他有关部门应当依照职责分工，支持有关调解组织和农村土地承包仲裁委员会依法开展工作。

第二章 调　　解

第七条 村民委员会、乡（镇）人民政府应当加强农村土地承包经营纠纷的调解工作，帮助当事人达成协议解决纠纷。

第八条 当事人申请农村土地承包经营纠纷调解可以书面申请，也可以口头申请。口头申请的，由村民委员会或者乡（镇）人民政府当场记录申请人的基本情况、申请调解的纠纷事项、理由和时间。

第九条 调解农村土地承包经营纠纷，村民委员会或者乡（镇）人民政府应当充分听取当事人对事实和理由的陈述，讲解有关法律以及国家政策，耐心疏导，帮助当事人达成协议。

第十条 经调解达成协议的，村民委员会或者乡（镇）人民政府应当制作调解协议书。

调解协议书由双方当事人签名、盖章或者按指印，经调解人员签名并加盖调解组织印章后生效。

第十一条 仲裁庭对农村土地承包经营纠纷应当进行调解。调解达成协议的，仲裁庭应当制作调解书；调解不成的，应当及时作出裁决。

调解书应当写明仲裁请求和当事人协议的结果。调解书由仲裁员签名，加盖农村土地承包仲裁委员会印章，送达双方当事人。

调解书经双方当事人签收后，即发生法律效力。在调解书签收前当事人反悔的，仲裁庭应当及时作出裁决。

第三章 仲 裁

第一节 仲裁委员会和仲裁员

第十二条 农村土地承包仲裁委员会，根据解决农村土地承包经营纠纷的实际需要设立。农村土地承包仲裁委员会可以在县和不设区的市设立，也可以在设区的市或者其市辖区设立。

农村土地承包仲裁委员会在当地人民政府指导下设立。设立农村土地承包仲裁委员会的，其日常工作由当地农村土地承包管理部门承担。

第十三条 农村土地承包仲裁委员会由当地人民政府及其有关部门代表、有关人民团体代表、农村集体经济组织代表、农民代表和法律、经济等相关专业人员兼任组成，其中农民代表和法律、经济等相关专业人员不得少于组成人员的二分之一。

农村土地承包仲裁委员会设主任一人、副主任一至二人和委员若干人。主任、副主任由全体组成人员选举产生。

第十四条 农村土地承包仲裁委员会依法履行下列职责：

（一）聘任、解聘仲裁员；

（二）受理仲裁申请；

（三）监督仲裁活动。

农村土地承包仲裁委员会应当依照本法制定章程，对其组成人员的产生方式及任期、议事规则等作出规定。

第十五条 农村土地承包仲裁委员会应当从公道正派的人员中聘任仲裁员。

仲裁员应当符合下列条件之一：

（一）从事农村土地承包管理工作满五年；

（二）从事法律工作或者人民调解工作满五年；

（三）在当地威信较高，并熟悉农村土地承包法律以及国家政策的居民。

第十六条 农村土地承包仲裁委员会应当对仲裁员进行农村土地承包法律以及国家政策的培训。

省、自治区、直辖市人民政府农村土地承包管理部门应当制定仲裁员培训计划，加强对仲裁员培训工作的组织和指导。

第十七条 农村土地承包仲裁委员会组成人员、仲裁员应当依法履行职责，遵守农村土地承包仲裁委员会章程和仲裁规则，不得索贿受贿、徇私舞弊，不得侵害当事人的合法权益。

仲裁员有索贿受贿、徇私舞弊、枉法裁决以及接受当事人请客送礼等违法违纪行为的，农村土地承包仲裁委员会应当将其除名；构成犯罪的，依法追究刑事责任。

县级以上地方人民政府及有关部门应当受理对农村土地承包仲裁委员会组成人员、仲裁员违法违纪行为的投诉和举报，并依法组织查处。

第二节 申请和受理

第十八条 农村土地承包经营纠纷申请仲裁的时效期间为二年,自当事人知道或者应当知道其权利被侵害之日起计算。

第十九条 农村土地承包经营纠纷仲裁的申请人、被申请人为当事人。家庭承包的,可以由农户代表人参加仲裁。当事人一方人数众多的,可以推选代表人参加仲裁。

与案件处理结果有利害关系的,可以申请作为第三人参加仲裁,或者由农村土地承包仲裁委员会通知其参加仲裁。

当事人、第三人可以委托代理人参加仲裁。

第二十条 申请农村土地承包经营纠纷仲裁应当符合下列条件:

(一)申请人与纠纷有直接的利害关系;

(二)有明确的被申请人;

(三)有具体的仲裁请求和事实、理由;

(四)属于农村土地承包仲裁委员会的受理范围。

第二十一条 当事人申请仲裁,应当向纠纷涉及的土地所在地的农村土地承包仲裁委员会递交仲裁申请书。仲裁申请书可以邮寄或者委托他人代交。仲裁申请书应当载明申请人和被申请人的基本情况,仲裁请求和所根据的事实、理由,并提供相应的证据和证据来源。

书面申请确有困难的,可以口头申请,由农村土地承包仲裁委员会记入笔录,经申请人核实后由其签名、盖章或者按指印。

第二十二条 农村土地承包仲裁委员会应当对仲裁申请予以审查,认为符合本法第二十条规定的,应当受理。有下列情形之一的,不予受理;已受理的,终止仲裁程序:

(一)不符合申请条件;

（二）人民法院已受理该纠纷；

（三）法律规定该纠纷应当由其他机构处理；

（四）对该纠纷已有生效的判决、裁定、仲裁裁决、行政处理决定等。

第二十三条　农村土地承包仲裁委员会决定受理的，应当自收到仲裁申请之日起五个工作日内，将受理通知书、仲裁规则和仲裁员名册送达申请人；决定不予受理或者终止仲裁程序的，应当自收到仲裁申请或者发现终止仲裁程序情形之日起五个工作日内书面通知申请人，并说明理由。

第二十四条　农村土地承包仲裁委员会应当自受理仲裁申请之日起五个工作日内，将受理通知书、仲裁申请书副本、仲裁规则和仲裁员名册送达被申请人。

第二十五条　被申请人应当自收到仲裁申请书副本之日起十日内向农村土地承包仲裁委员会提交答辩书；书面答辩确有困难的，可以口头答辩，由农村土地承包仲裁委员会记入笔录，经被申请人核实后由其签名、盖章或者按指印。农村土地承包仲裁委员会应当自收到答辩书之日起五个工作日内将答辩书副本送达申请人。被申请人未答辩的，不影响仲裁程序的进行。

第二十六条　一方当事人因另一方当事人的行为或者其他原因，可能使裁决不能执行或者难以执行的，可以申请财产保全。

当事人申请财产保全的，农村土地承包仲裁委员会应当将当事人的申请提交被申请人住所地或者财产所在地的基层人民法院。

申请有错误的，申请人应当赔偿被申请人因财产保全所遭受的损失。

第三节　仲裁庭的组成

第二十七条　仲裁庭由三名仲裁员组成，首席仲裁员由当事人共同选定，其他二名仲裁员由当事人各自选定；当事人不能选定的，由农村土地承包仲裁委员会主任指定。

事实清楚、权利义务关系明确、争议不大的农村土地承包经营纠纷，经双方当事人同意，可以由一名仲裁员仲裁。仲裁员由当事人共同选定或者由农村土地承包仲裁委员会主任指定。

农村土地承包仲裁委员会应当自仲裁庭组成之日起二个工作日内将仲裁庭组成情况通知当事人。

第二十八条 仲裁员有下列情形之一的，必须回避，当事人也有权以口头或者书面方式申请其回避：

（一）是本案当事人或者当事人、代理人的近亲属；

（二）与本案有利害关系；

（三）与本案当事人、代理人有其他关系，可能影响公正仲裁；

（四）私自会见当事人、代理人，或者接受当事人、代理人的请客送礼。

当事人提出回避申请，应当说明理由，在首次开庭前提出。回避事由在首次开庭后知道的，可以在最后一次开庭终结前提出。

第二十九条 农村土地承包仲裁委员会对回避申请应当及时作出决定，以口头或者书面方式通知当事人，并说明理由。

仲裁员是否回避，由农村土地承包仲裁委员会主任决定；农村土地承包仲裁委员会主任担任仲裁员时，由农村土地承包仲裁委员会集体决定。

仲裁员因回避或者其他原因不能履行职责的，应当依照本法规定重新选定或者指定仲裁员。

第四节　开庭和裁决

第三十条 农村土地承包经营纠纷仲裁应当开庭进行。

开庭可以在纠纷涉及的土地所在地的乡（镇）或者村进行，也可以在农村土地承包仲裁委员会所在地进行。当事人双方要求在乡（镇）或者村开庭的，应当在该乡（镇）或者村开庭。

开庭应当公开，但涉及国家秘密、商业秘密和个人隐私以及当事人约定不公开的除外。

第三十一条 仲裁庭应当在开庭五个工作日前将开庭的时间、地点通知当事人和其他仲裁参与人。

当事人有正当理由的，可以向仲裁庭请求变更开庭的时间、地点。是否变更，由仲裁庭决定。

第三十二条 当事人申请仲裁后，可以自行和解。达成和解协议的，可以请求仲裁庭根据和解协议作出裁决书，也可以撤回仲裁申请。

第三十三条 申请人可以放弃或者变更仲裁请求。被申请人可以承认或者反驳仲裁请求，有权提出反请求。

第三十四条 仲裁庭作出裁决前，申请人撤回仲裁申请的，除被申请人提出反请求的外，仲裁庭应当终止仲裁。

第三十五条 申请人经书面通知，无正当理由不到庭或者未经仲裁庭许可中途退庭的，可以视为撤回仲裁申请。

被申请人经书面通知，无正当理由不到庭或者未经仲裁庭许可中途退庭的，可以缺席裁决。

第三十六条 当事人在开庭过程中有权发表意见、陈述事实和理由、提供证据、进行质证和辩论。对不通晓当地通用语言文字的当事人，农村土地承包仲裁委员会应当为其提供翻译。

第三十七条 当事人应当对自己的主张提供证据。与纠纷有关的证据由作为当事人一方的发包方等掌握管理的，该当事人应当在仲裁庭指定的期限内提供，逾期不提供的，应当承担不利后果。

第三十八条 仲裁庭认为有必要收集的证据，可以自行收集。

第三十九条 仲裁庭对专门性问题认为需要鉴定的,可以交由当事人约定的鉴定机构鉴定;当事人没有约定的,由仲裁庭指定的鉴定机构鉴定。

根据当事人的请求或者仲裁庭的要求,鉴定机构应当派鉴定人参加开庭。当事人经仲裁庭许可,可以向鉴定人提问。

第四十条 证据应当在开庭时出示,但涉及国家秘密、商业秘密和个人隐私的证据不得在公开开庭时出示。

仲裁庭应当依照仲裁规则的规定开庭,给予双方当事人平等陈述、辩论的机会,并组织当事人进行质证。

经仲裁庭查证属实的证据,应当作为认定事实的根据。

第四十一条 在证据可能灭失或者以后难以取得的情况下,当事人可以申请证据保全。当事人申请证据保全的,农村土地承包仲裁委员会应当将当事人的申请提交证据所在地的基层人民法院。

第四十二条 对权利义务关系明确的纠纷,经当事人申请,仲裁庭可以先行裁定维持现状、恢复农业生产以及停止取土、占地等行为。

一方当事人不履行先行裁定的,另一方当事人可以向人民法院申请执行,但应当提供相应的担保。

第四十三条 仲裁庭应当将开庭情况记入笔录,由仲裁员、记录人员、当事人和其他仲裁参与人签名、盖章或者按指印。

当事人和其他仲裁参与人认为对自己陈述的记录有遗漏或者差错的,有权申请补正。如果不予补正,应当记录该申请。

第四十四条 仲裁庭应当根据认定的事实和法律以及国家政策作出裁决并制作裁决书。

裁决应当按照多数仲裁员的意见作出,少数仲裁员的不同意见可以记入笔录。仲裁庭不能形成多数意见时,裁决应当按照首席仲裁员的意见作出。

第四十五条　裁决书应当写明仲裁请求、争议事实、裁决理由、裁决结果、裁决日期以及当事人不服仲裁裁决的起诉权利、期限，由仲裁员签名，加盖农村土地承包仲裁委员会印章。

农村土地承包仲裁委员会应当在裁决作出之日起三个工作日内将裁决书送达当事人，并告知当事人不服仲裁裁决的起诉权利、期限。

第四十六条　仲裁庭依法独立履行职责，不受行政机关、社会团体和个人的干涉。

第四十七条　仲裁农村土地承包经营纠纷，应当自受理仲裁申请之日起六十日内结束；案情复杂需要延长的，经农村土地承包仲裁委员会主任批准可以延长，并书面通知当事人，但延长期限不得超过三十日。

第四十八条　当事人不服仲裁裁决的，可以自收到裁决书之日起三十日内向人民法院起诉。逾期不起诉的，裁决书即发生法律效力。

第四十九条　当事人对发生法律效力的调解书、裁决书，应当依照规定的期限履行。一方当事人逾期不履行的，另一方当事人可以向被申请人住所地或者财产所在地的基层人民法院申请执行。受理申请的人民法院应当依法执行。

第四章　附　　则

第五十条　本法所称农村土地，是指农民集体所有和国家所有依法由农民集体使用的耕地、林地、草地，以及其他依法用于农业的土地。

第五十一条　农村土地承包经营纠纷仲裁规则和农村土地承包

仲裁委员会示范章程,由国务院农业、林业行政主管部门依照本法规定共同制定。

第五十二条 农村土地承包经营纠纷仲裁不得向当事人收取费用,仲裁工作经费纳入财政预算予以保障。

第五十三条 本法自 2010 年 1 月 1 日起施行。

中华人民共和国仲裁法

(1994 年 8 月 31 日第八届全国人民代表大会常务委员会第九次会议通过 根据 2009 年 8 月 27 日第十一届全国人民代表大会常务委员会第十次会议《关于修改部分法律的决定》第一次修正 根据 2017 年 9 月 1 日第十二届全国人民代表大会常务委员会第二十九次会议《关于修改〈中华人民共和国法官法〉等八部法律的决定》第二次修正)

第一章 总 则

第一条 为保证公正、及时地仲裁经济纠纷,保护当事人的合法权益,保障社会主义市场经济健康发展,制定本法。

第二条 平等主体的公民、法人和其他组织之间发生的合同纠纷和其他财产权益纠纷,可以仲裁。

第三条 下列纠纷不能仲裁:

(一)婚姻、收养、监护、扶养、继承纠纷;

(二)依法应当由行政机关处理的行政争议。

第四条 当事人采用仲裁方式解决纠纷,应当双方自愿,达成仲裁协议。没有仲裁协议，一方申请仲裁的，仲裁委员会不予受理。

第五条 当事人达成仲裁协议，一方向人民法院起诉的，人民法院不予受理，但仲裁协议无效的除外。

第六条 仲裁委员会应当由当事人协议选定。

仲裁不实行级别管辖和地域管辖。

第七条 仲裁应当根据事实，符合法律规定，公平合理地解决纠纷。

第八条 仲裁依法独立进行，不受行政机关、社会团体和个人的干涉。

第九条 仲裁实行一裁终局的制度。裁决作出后，当事人就同一纠纷再申请仲裁或者向人民法院起诉的，仲裁委员会或者人民法院不予受理。

裁决被人民法院依法裁定撤销或者不予执行的，当事人就该纠纷可以根据双方重新达成的仲裁协议申请仲裁，也可以向人民法院起诉。

第二章 仲裁委员会和仲裁协会

第十条 仲裁委员会可以在直辖市和省、自治区人民政府所在地的市设立，也可以根据需要在其他设区的市设立，不按行政区划层层设立。

仲裁委员会由前款规定的市的人民政府组织有关部门和商会统一组建。

设立仲裁委员会，应当经省、自治区、直辖市的司法行政部门登记。

第十一条 仲裁委员会应当具备下列条件：

（一）有自己的名称、住所和章程；

（二）有必要的财产；

（三）有该委员会的组成人员；

（四）有聘任的仲裁员。

仲裁委员会的章程应当依照本法制定。

第十二条 仲裁委员会由主任一人、副主任二至四人和委员七至十一人组成。

仲裁委员会的主任、副主任和委员由法律、经济贸易专家和有实际工作经验的人员担任。仲裁委员会的组成人员中，法律、经济贸易专家不得少于三分之二。

第十三条 仲裁委员会应当从公道正派的人员中聘任仲裁员。

仲裁员应当符合下列条件之一：

（一）通过国家统一法律职业资格考试取得法律职业资格，从事仲裁工作满八年的；

（二）从事律师工作满八年的；

（三）曾任法官满八年的；

（四）从事法律研究、教学工作并具有高级职称的；

（五）具有法律知识、从事经济贸易等专业工作并具有高级职称或者具有同等专业水平的。

仲裁委员会按照不同专业设仲裁员名册。

第十四条 仲裁委员会独立于行政机关，与行政机关没有隶属关系。仲裁委员会之间也没有隶属关系。

第十五条 中国仲裁协会是社会团体法人。仲裁委员会是中国仲裁协会的会员。中国仲裁协会的章程由全国会员大会制定。

中国仲裁协会是仲裁委员会的自律性组织，根据章程对仲裁委员会及其组成人员、仲裁员的违纪行为进行监督。

中国仲裁协会依照本法和民事诉讼法的有关规定制定仲裁规则。

第三章　仲　裁　协　议

第十六条　仲裁协议包括合同中订立的仲裁条款和以其他书面方式在纠纷发生前或者纠纷发生后达成的请求仲裁的协议。

仲裁协议应当具有下列内容：

（一）请求仲裁的意思表示；

（二）仲裁事项；

（三）选定的仲裁委员会。

第十七条　有下列情形之一的，仲裁协议无效：

（一）约定的仲裁事项超出法律规定的仲裁范围的；

（二）无民事行为能力人或者限制民事行为能力人订立的仲裁协议；

（三）一方采取胁迫手段，迫使对方订立仲裁协议的。

第十八条　仲裁协议对仲裁事项或者仲裁委员会没有约定或者约定不明确的，当事人可以补充协议；达不成补充协议的，仲裁协议无效。

第十九条　仲裁协议独立存在，合同的变更、解除、终止或者无效，不影响仲裁协议的效力。

仲裁庭有权确认合同的效力。

第二十条　当事人对仲裁协议的效力有异议的，可以请求仲裁委员会作出决定或者请求人民法院作出裁定。一方请求仲裁委员会作出决定，另一方请求人民法院作出裁定的，由人民法院裁定。

当事人对仲裁协议的效力有异议，应当在仲裁庭首次开庭前提出。

第四章 仲裁程序

第一节 申请和受理

第二十一条 当事人申请仲裁应当符合下列条件：
（一）有仲裁协议；
（二）有具体的仲裁请求和事实、理由；
（三）属于仲裁委员会的受理范围。

第二十二条 当事人申请仲裁，应当向仲裁委员会递交仲裁协议、仲裁申请书及副本。

第二十三条 仲裁申请书应当载明下列事项：
（一）当事人的姓名、性别、年龄、职业、工作单位和住所，法人或者其他组织的名称、住所和法定代表人或者主要负责人的姓名、职务；
（二）仲裁请求和所根据的事实、理由；
（三）证据和证据来源、证人姓名和住所。

第二十四条 仲裁委员会收到仲裁申请书之日起五日内，认为符合受理条件的，应当受理，并通知当事人；认为不符合受理条件的，应当书面通知当事人不予受理，并说明理由。

第二十五条 仲裁委员会受理仲裁申请后，应当在仲裁规则规定的期限内将仲裁规则和仲裁员名册送达申请人，并将仲裁申请书副本和仲裁规则、仲裁员名册送达被申请人。

被申请人收到仲裁申请书副本后，应当在仲裁规则规定的期限内向仲裁委员会提交答辩书。仲裁委员会收到答辩书后，应当在仲裁规则规定的期限内将答辩书副本送达申请人。被申请人未提交答辩书的，不影响仲裁程序的进行。

第二十六条 当事人达成仲裁协议，一方向人民法院起诉未声明有仲裁协议，人民法院受理后，另一方在首次开庭前提交仲裁协议的，人民法院应当驳回起诉，但仲裁协议无效的除外；另一方在首次开庭前未对人民法院受理该案提出异议的，视为放弃仲裁协议，人民法院应当继续审理。

第二十七条 申请人可以放弃或者变更仲裁请求。被申请人可以承认或者反驳仲裁请求，有权提出反请求。

第二十八条 一方当事人因另一方当事人的行为或者其他原因，可能使裁决不能执行或者难以执行的，可以申请财产保全。

当事人申请财产保全的，仲裁委员会应当将当事人的申请依照民事诉讼法的有关规定提交人民法院。

申请有错误的，申请人应当赔偿被申请人因财产保全所遭受的损失。

第二十九条 当事人、法定代理人可以委托律师和其他代理人进行仲裁活动。委托律师和其他代理人进行仲裁活动的，应当向仲裁委员会提交授权委托书。

第二节 仲裁庭的组成

第三十条 仲裁庭可以由三名仲裁员或者一名仲裁员组成。由三名仲裁员组成的，设首席仲裁员。

第三十一条 当事人约定由三名仲裁员组成仲裁庭的，应当各自选定或者各自委托仲裁委员会主任指定一名仲裁员，第三名仲裁员由当事人共同选定或者共同委托仲裁委员会主任指定。第三名仲裁员是首席仲裁员。

当事人约定由一名仲裁员成立仲裁庭的，应当由当事人共同选定或者共同委托仲裁委员会主任指定仲裁员。

第三十二条 当事人没有在仲裁规则规定的期限内约定仲裁庭的组成方式或者选定仲裁员的，由仲裁委员会主任指定。

第三十三条 仲裁庭组成后，仲裁委员会应当将仲裁庭的组成情况书面通知当事人。

第三十四条 仲裁员有下列情形之一的，必须回避，当事人也有权提出回避申请：

（一）是本案当事人或者当事人、代理人的近亲属；

（二）与本案有利害关系的；

（三）与本案当事人、代理人有其他关系，可能影响公正仲裁的；

（四）私自会见当事人、代理人，或者接受当事人、代理人的请客送礼的。

第三十五条 当事人提出回避申请，应当说明理由，在首次开庭前提出。回避事由在首次开庭后知道的，可以在最后一次开庭终结前提出。

第三十六条 仲裁员是否回避，由仲裁委员会主任决定；仲裁委员会主任担任仲裁员时，由仲裁委员会集体决定。

第三十七条 仲裁员因回避或者其他原因不能履行职责的，应当依照本法规定重新选定或者指定仲裁员。

因回避而重新选定或者指定仲裁员后，当事人可以请求已进行的仲裁程序重新进行，是否准许，由仲裁庭决定；仲裁庭也可以自行决定已进行的仲裁程序是否重新进行。

第三十八条 仲裁员有本法第三十四条第四项规定的情形，情节严重的，或者有本法第五十八条第六项规定的情形的，应当依法承担法律责任，仲裁委员会应当将其除名。

第三节　开庭和裁决

第三十九条　仲裁应当开庭进行。当事人协议不开庭的，仲裁庭可以根据仲裁申请书、答辩书以及其他材料作出裁决。

第四十条　仲裁不公开进行。当事人协议公开的，可以公开进行，但涉及国家秘密的除外。

第四十一条　仲裁委员会应当在仲裁规则规定的期限内将开庭日期通知双方当事人。当事人有正当理由的，可以在仲裁规则规定的期限内请求延期开庭。是否延期，由仲裁庭决定。

第四十二条　申请人经书面通知，无正当理由不到庭或者未经仲裁庭许可中途退庭的，可以视为撤回仲裁申请。

被申请人经书面通知，无正当理由不到庭或者未经仲裁庭许可中途退庭的，可以缺席裁决。

第四十三条　当事人应当对自己的主张提供证据。

仲裁庭认为有必要收集的证据，可以自行收集。

第四十四条　仲裁庭对专门性问题认为需要鉴定的，可以交由当事人约定的鉴定部门鉴定，也可以由仲裁庭指定的鉴定部门鉴定。

根据当事人的请求或者仲裁庭的要求，鉴定部门应当派鉴定人参加开庭。当事人经仲裁庭许可，可以向鉴定人提问。

第四十五条　证据应当在开庭时出示，当事人可以质证。

第四十六条　在证据可能灭失或者以后难以取得的情况下，当事人可以申请证据保全。当事人申请证据保全的，仲裁委员会应当将当事人的申请提交证据所在地的基层人民法院。

第四十七条　当事人在仲裁过程中有权进行辩论。辩论终结时，首席仲裁员或者独任仲裁员应当征询当事人的最后意见。

第四十八条　仲裁庭应当将开庭情况记入笔录。当事人和其他仲裁参与人认为对自己陈述的记录有遗漏或者差错的，有权申请补正。如果不予补正，应当记录该申请。

笔录由仲裁员、记录人员、当事人和其他仲裁参与人签名或者盖章。

第四十九条 当事人申请仲裁后，可以自行和解。达成和解协议的，可以请求仲裁庭根据和解协议作出裁决书，也可以撤回仲裁申请。

第五十条 当事人达成和解协议，撤回仲裁申请后反悔的，可以根据仲裁协议申请仲裁。

第五十一条 仲裁庭在作出裁决前，可以先行调解。当事人自愿调解的，仲裁庭应当调解。调解不成的，应当及时作出裁决。

调解达成协议的，仲裁庭应当制作调解书或者根据协议的结果制作裁决书。调解书与裁决书具有同等法律效力。

第五十二条 调解书应当写明仲裁请求和当事人协议的结果。调解书由仲裁员签名，加盖仲裁委员会印章，送达双方当事人。

调解书经双方当事人签收后，即发生法律效力。

在调解书签收前当事人反悔的，仲裁庭应当及时作出裁决。

第五十三条 裁决应当按照多数仲裁员的意见作出，少数仲裁员的不同意见可以记入笔录。仲裁庭不能形成多数意见时，裁决应当按照首席仲裁员的意见作出。

第五十四条 裁决书应当写明仲裁请求、争议事实、裁决理由、裁决结果、仲裁费用的负担和裁决日期。当事人协议不愿写明争议事实和裁决理由的，可以不写。裁决书由仲裁员签名，加盖仲裁委员会印章。对裁决持不同意见的仲裁员，可以签名，也可以不签名。

第五十五条 仲裁庭仲裁纠纷时，其中一部分事实已经清楚，可以就该部分先行裁决。

第五十六条 对裁决书中的文字、计算错误或者仲裁庭已经裁决但在裁决书中遗漏的事项，仲裁庭应当补正；当事人自收到裁决书之日起三十日内，可以请求仲裁庭补正。

第五十七条 裁决书自作出之日起发生法律效力。

第五章　申请撤销裁决

第五十八条 当事人提出证据证明裁决有下列情形之一的，可以向仲裁委员会所在地的中级人民法院申请撤销裁决：

（一）没有仲裁协议的；

（二）裁决的事项不属于仲裁协议的范围或者仲裁委员会无权仲裁的；

（三）仲裁庭的组成或者仲裁的程序违反法定程序的；

（四）裁决所根据的证据是伪造的；

（五）对方当事人隐瞒了足以影响公正裁决的证据的；

（六）仲裁员在仲裁该案时有索贿受贿，徇私舞弊，枉法裁决行为的。

人民法院经组成合议庭审查核实裁决有前款规定情形之一的，应当裁定撤销。

人民法院认定该裁决违背社会公共利益的，应当裁定撤销。

第五十九条 当事人申请撤销裁决的，应当自收到裁决书之日起六个月内提出。

第六十条 人民法院应当在受理撤销裁决申请之日起两个月内作出撤销裁决或者驳回申请的裁定。

第六十一条 人民法院受理撤销裁决的申请后，认为可以由仲裁庭重新仲裁的，通知仲裁庭在一定期限内重新仲裁，并裁定中止撤销程序。仲裁庭拒绝重新仲裁的，人民法院应当裁定恢复撤销程序。

第六章 执 行

第六十二条 当事人应当履行裁决。一方当事人不履行的，另一方当事人可以依照民事诉讼法的有关规定向人民法院申请执行。受申请的人民法院应当执行。

第六十三条 被申请人提出证据证明裁决有民事诉讼法第二百一十三条第二款规定的情形之一的，经人民法院组成合议庭审查核实，裁定不予执行。

第六十四条 一方当事人申请执行裁决，另一方当事人申请撤销裁决的，人民法院应当裁定中止执行。

人民法院裁定撤销裁决的，应当裁定终结执行。撤销裁决的申请被裁定驳回的，人民法院应当裁定恢复执行。

第七章 涉外仲裁的特别规定

第六十五条 涉外经济贸易、运输和海事中发生的纠纷的仲裁，适用本章规定。本章没有规定的，适用本法其他有关规定。

第六十六条 涉外仲裁委员会可以由中国国际商会组织设立。

涉外仲裁委员会由主任一人、副主任若干人和委员若干人组成。

涉外仲裁委员会的主任、副主任和委员可以由中国国际商会聘任。

第六十七条 涉外仲裁委员会可以从具有法律、经济贸易、科学技术等专门知识的外籍人士中聘任仲裁员。

第六十八条 涉外仲裁的当事人申请证据保全的，涉外仲裁委员会应当将当事人的申请提交证据所在地的中级人民法院。

第六十九条 涉外仲裁的仲裁庭可以将开庭情况记入笔录，或者作出笔录要点，笔录要点可以由当事人和其他仲裁参与人签字或者盖章。

第七十条 当事人提出证据证明涉外仲裁裁决有民事诉讼法第二百五十八条第一款规定的情形之一的，经人民法院组成合议庭审查核实，裁定撤销。

第七十一条 被申请人提出证据证明涉外仲裁裁决有民事诉讼法第二百五十八条第一款规定的情形之一的，经人民法院组成合议庭审查核实，裁定不予执行。

第七十二条 涉外仲裁委员会作出的发生法律效力的仲裁裁决，当事人请求执行的，如果被执行人或者其财产不在中华人民共和国领域内，应当由当事人直接向有管辖权的外国法院申请承认和执行。

第七十三条 涉外仲裁规则可以由中国国际商会依照本法和民事诉讼法的有关规定制定。

第八章 附 则

第七十四条 法律对仲裁时效有规定的，适用该规定。法律对仲裁时效没有规定的，适用诉讼时效的规定。

第七十五条 中国仲裁协会制定仲裁规则前，仲裁委员会依照本法和民事诉讼法的有关规定可以制定仲裁暂行规则。

第七十六条 当事人应当按照规定交纳仲裁费用。
收取仲裁费用的办法，应当报物价管理部门核准。

第七十七条 劳动争议和农业集体经济组织内部的农业承包合同纠纷的仲裁，另行规定。

第七十八条 本法施行前制定的有关仲裁的规定与本法的规定相抵触的，以本法为准。

第七十九条 本法施行前在直辖市、省、自治区人民政府所在地的市和其他设区的市设立的仲裁机构，应当依照本法的有关规定重新组建；未重新组建的，自本法施行之日起届满一年时终止。

本法施行前设立的不符合本法规定的其他仲裁机构，自本法施行之日起终止。

第八十条 本法自1995年9月1日起施行。

中华人民共和国行政复议法

（1999年4月29日第九届全国人民代表大会常务委员会第九次会议通过　根据2009年8月27日第十一届全国人民代表大会常务委员会第十次会议《关于修改部分法律的决定》第一次修正　根据2017年9月1日第十二届全国人民代表大会常务委员会第二十九次会议《关于修改〈中华人民共和国法官法〉等八部法律的决定》第二次修正　2023年9月1日第十四届全国人民代表大会常务委员会第五次会议修订　2023年9月1日中华人民共和国主席令第9号公布　自2024年1月1日起施行）

第一章　总　　则

第一条 为了防止和纠正违法的或者不当的行政行为，保护公民、法人和其他组织的合法权益，监督和保障行政机关依法行使职权，发挥行政复议化解行政争议的主渠道作用，推进法治政府建设，根据宪法，制定本法。

第二条 公民、法人或者其他组织认为行政机关的行政行为侵犯其合法权益，向行政复议机关提出行政复议申请，行政复议机关办理行政复议案件，适用本法。

前款所称行政行为，包括法律、法规、规章授权的组织的行政行为。

第三条 行政复议工作坚持中国共产党的领导。

行政复议机关履行行政复议职责，应当遵循合法、公正、公开、高效、便民、为民的原则，坚持有错必纠，保障法律、法规的正确实施。

第四条 县级以上各级人民政府以及其他依照本法履行行政复议职责的行政机关是行政复议机关。

行政复议机关办理行政复议事项的机构是行政复议机构。行政复议机构同时组织办理行政复议机关的行政应诉事项。

行政复议机关应当加强行政复议工作，支持和保障行政复议机构依法履行职责。上级行政复议机构对下级行政复议机构的行政复议工作进行指导、监督。

国务院行政复议机构可以发布行政复议指导性案例。

第五条 行政复议机关办理行政复议案件，可以进行调解。

调解应当遵循合法、自愿的原则，不得损害国家利益、社会公共利益和他人合法权益，不得违反法律、法规的强制性规定。

第六条 国家建立专业化、职业化行政复议人员队伍。

行政复议机构中初次从事行政复议工作的人员，应当通过国家统一法律职业资格考试取得法律职业资格，并参加统一职前培训。

国务院行政复议机构应当会同有关部门制定行政复议人员工作规范，加强对行政复议人员的业务考核和管理。

第七条 行政复议机关应当确保行政复议机构的人员配备与所

承担的工作任务相适应，提高行政复议人员专业素质，根据工作需要保障办案场所、装备等设施。县级以上各级人民政府应当将行政复议工作经费列入本级预算。

第八条 行政复议机关应当加强信息化建设，运用现代信息技术，方便公民、法人或者其他组织申请、参加行政复议，提高工作质量和效率。

第九条 对在行政复议工作中做出显著成绩的单位和个人，按照国家有关规定给予表彰和奖励。

第十条 公民、法人或者其他组织对行政复议决定不服的，可以依照《中华人民共和国行政诉讼法》的规定向人民法院提起行政诉讼，但是法律规定行政复议决定为最终裁决的除外。

第二章 行政复议申请

第一节 行政复议范围

第十一条 有下列情形之一的，公民、法人或者其他组织可以依照本法申请行政复议：

（一）对行政机关作出的行政处罚决定不服；

（二）对行政机关作出的行政强制措施、行政强制执行决定不服；

（三）申请行政许可，行政机关拒绝或者在法定期限内不予答复，或者对行政机关作出的有关行政许可的其他决定不服；

（四）对行政机关作出的确认自然资源的所有权或者使用权的决定不服；

（五）对行政机关作出的征收征用决定及其补偿决定不服；

（六）对行政机关作出的赔偿决定或者不予赔偿决定不服；

（七）对行政机关作出的不予受理工伤认定申请的决定或者工伤认定结论不服；

（八）认为行政机关侵犯其经营自主权或者农村土地承包经营权、农村土地经营权；

（九）认为行政机关滥用行政权力排除或者限制竞争；

（十）认为行政机关违法集资、摊派费用或者违法要求履行其他义务；

（十一）申请行政机关履行保护人身权利、财产权利、受教育权利等合法权益的法定职责，行政机关拒绝履行、未依法履行或者不予答复；

（十二）申请行政机关依法给付抚恤金、社会保险待遇或者最低生活保障等社会保障，行政机关没有依法给付；

（十三）认为行政机关不依法订立、不依法履行、未按照约定履行或者违法变更、解除政府特许经营协议、土地房屋征收补偿协议等行政协议；

（十四）认为行政机关在政府信息公开工作中侵犯其合法权益；

（十五）认为行政机关的其他行政行为侵犯其合法权益。

第十二条 下列事项不属于行政复议范围：

（一）国防、外交等国家行为；

（二）行政法规、规章或者行政机关制定、发布的具有普遍约束力的决定、命令等规范性文件；

（三）行政机关对行政机关工作人员的奖惩、任免等决定；

（四）行政机关对民事纠纷作出的调解。

第十三条 公民、法人或者其他组织认为行政机关的行政行为所依据的下列规范性文件不合法，在对行政行为申请行政复议时，可以一并向行政复议机关提出对该规范性文件的附带审查申请：

（一）国务院部门的规范性文件；

（二）县级以上地方各级人民政府及其工作部门的规范性文件；

（三）乡、镇人民政府的规范性文件；

（四）法律、法规、规章授权的组织的规范性文件。

前款所列规范性文件不含规章。规章的审查依照法律、行政法规办理。

第二节　行政复议参加人

第十四条　依照本法申请行政复议的公民、法人或者其他组织是申请人。

有权申请行政复议的公民死亡的，其近亲属可以申请行政复议。有权申请行政复议的法人或者其他组织终止的，其权利义务承受人可以申请行政复议。

有权申请行政复议的公民为无民事行为能力人或者限制民事行为能力人的，其法定代理人可以代为申请行政复议。

第十五条　同一行政复议案件申请人人数众多的，可以由申请人推选代表人参加行政复议。

代表人参加行政复议的行为对其所代表的申请人发生效力，但是代表人变更行政复议请求、撤回行政复议申请、承认第三人请求的，应当经被代表的申请人同意。

第十六条　申请人以外的同被申请行政复议的行政行为或者行政复议案件处理结果有利害关系的公民、法人或者其他组织，可以作为第三人申请参加行政复议，或者由行政复议机构通知其作为第三人参加行政复议。

第三人不参加行政复议，不影响行政复议案件的审理。

第十七条　申请人、第三人可以委托一至二名律师、基层法律服务工作者或者其他代理人代为参加行政复议。

申请人、第三人委托代理人的,应当向行政复议机构提交授权委托书、委托人及被委托人的身份证明文件。授权委托书应当载明委托事项、权限和期限。申请人、第三人变更或者解除代理人权限的,应当书面告知行政复议机构。

第十八条 符合法律援助条件的行政复议申请人申请法律援助的,法律援助机构应当依法为其提供法律援助。

第十九条 公民、法人或者其他组织对行政行为不服申请行政复议的,作出行政行为的行政机关或者法律、法规、规章授权的组织是被申请人。

两个以上行政机关以共同的名义作出同一行政行为的,共同作出行政行为的行政机关是被申请人。

行政机关委托的组织作出行政行为的,委托的行政机关是被申请人。

作出行政行为的行政机关被撤销或者职权变更的,继续行使其职权的行政机关是被申请人。

第三节　申请的提出

第二十条 公民、法人或者其他组织认为行政行为侵犯其合法权益的,可以自知道或者应当知道该行政行为之日起六十日内提出行政复议申请;但是法律规定的申请期限超过六十日的除外。

因不可抗力或者其他正当理由耽误法定申请期限的,申请期限自障碍消除之日起继续计算。

行政机关作出行政行为时,未告知公民、法人或者其他组织申请行政复议的权利、行政复议机关和申请期限的,申请期限自公民、法人或者其他组织知道或者应当知道申请行政复议的权利、行政复议机关和申请期限之日起计算，但是自知道或者应当知道行政行为内容之日起最长不得超过一年。

第二十一条 因不动产提出的行政复议申请自行政行为作出之日起超过二十年，其他行政复议申请自行政行为作出之日起超过五年的，行政复议机关不予受理。

第二十二条 申请人申请行政复议，可以书面申请；书面申请有困难的，也可以口头申请。

书面申请的，可以通过邮寄或者行政复议机关指定的互联网渠道等方式提交行政复议申请书，也可以当面提交行政复议申请书。行政机关通过互联网渠道送达行政行为决定书的，应当同时提供提交行政复议申请书的互联网渠道。

口头申请的，行政复议机关应当当场记录申请人的基本情况、行政复议请求、申请行政复议的主要事实、理由和时间。

申请人对两个以上行政行为不服的，应当分别申请行政复议。

第二十三条 有下列情形之一的，申请人应当先向行政复议机关申请行政复议，对行政复议决定不服的，可以再依法向人民法院提起行政诉讼：

（一）对当场作出的行政处罚决定不服；

（二）对行政机关作出的侵犯其已经依法取得的自然资源的所有权或者使用权的决定不服；

（三）认为行政机关存在本法第十一条规定的未履行法定职责情形；

（四）申请政府信息公开，行政机关不予公开；

（五）法律、行政法规规定应当先向行政复议机关申请行政复议的其他情形。

对前款规定的情形，行政机关在作出行政行为时应当告知公民、法人或者其他组织先向行政复议机关申请行政复议。

第四节　行政复议管辖

第二十四条　县级以上地方各级人民政府管辖下列行政复议案件：

（一）对本级人民政府工作部门作出的行政行为不服的；

（二）对下一级人民政府作出的行政行为不服的；

（三）对本级人民政府依法设立的派出机关作出的行政行为不服的；

（四）对本级人民政府或者其工作部门管理的法律、法规、规章授权的组织作出的行政行为不服的。

除前款规定外，省、自治区、直辖市人民政府同时管辖对本机关作出的行政行为不服的行政复议案件。

省、自治区人民政府依法设立的派出机关参照设区的市级人民政府的职责权限，管辖相关行政复议案件。

对县级以上地方各级人民政府工作部门依法设立的派出机构依照法律、法规、规章规定，以派出机构的名义作出的行政行为不服的行政复议案件，由本级人民政府管辖；其中，对直辖市、设区的市人民政府工作部门按照行政区划设立的派出机构作出的行政行为不服的，也可以由其所在地的人民政府管辖。

第二十五条　国务院部门管辖下列行政复议案件：

（一）对本部门作出的行政行为不服的；

（二）对本部门依法设立的派出机构依照法律、行政法规、部门规章规定，以派出机构的名义作出的行政行为不服的；

（三）对本部门管理的法律、行政法规、部门规章授权的组织作出的行政行为不服的。

第二十六条　对省、自治区、直辖市人民政府依照本法第二十四条第二款的规定、国务院部门依照本法第二十五条第一项的规定作出的行政复议决定不服的,可以向人民法院提起行政诉讼;也可以向国务院申请裁决,国务院依照本法的规定作出最终裁决。

第二十七条　对海关、金融、外汇管理等实行垂直领导的行政机关、税务和国家安全机关的行政行为不服的,向上一级主管部门申请行政复议。

第二十八条　对履行行政复议机构职责的地方人民政府司法行政部门的行政行为不服的,可以向本级人民政府申请行政复议,也可以向上一级司法行政部门申请行政复议。

第二十九条　公民、法人或者其他组织申请行政复议,行政复议机关已经依法受理的,在行政复议期间不得向人民法院提起行政诉讼。

公民、法人或者其他组织向人民法院提起行政诉讼,人民法院已经依法受理的,不得申请行政复议。

第三章　行政复议受理

第三十条　行政复议机关收到行政复议申请后,应当在五日内进行审查。对符合下列规定的,行政复议机关应当予以受理:

(一)有明确的申请人和符合本法规定的被申请人;

(二)申请人与被申请行政复议的行政行为有利害关系;

(三)有具体的行政复议请求和理由;

(四)在法定申请期限内提出;

(五)属于本法规定的行政复议范围;

(六)属于本机关的管辖范围;

(七)行政复议机关未受理过该申请人就同一行政行为提出的

行政复议申请，并且人民法院未受理过该申请人就同一行政行为提起的行政诉讼。

对不符合前款规定的行政复议申请，行政复议机关应当在审查期限内决定不予受理并说明理由；不属于本机关管辖的，还应当在不予受理决定中告知申请人有管辖权的行政复议机关。

行政复议申请的审查期限届满，行政复议机关未作出不予受理决定的，审查期限届满之日起视为受理。

第三十一条　行政复议申请材料不齐全或者表述不清楚，无法判断行政复议申请是否符合本法第三十条第一款规定的，行政复议机关应当自收到申请之日起五日内书面通知申请人补正。补正通知应当一次性载明需要补正的事项。

申请人应当自收到补正通知之日起十日内提交补正材料。有正当理由不能按期补正的，行政复议机关可以延长合理的补正期限。无正当理由逾期不补正的，视为申请人放弃行政复议申请，并记录在案。

行政复议机关收到补正材料后，依照本法第三十条的规定处理。

第三十二条　对当场作出或者依据电子技术监控设备记录的违法事实作出的行政处罚决定不服申请行政复议的，可以通过作出行政处罚决定的行政机关提交行政复议申请。

行政机关收到行政复议申请后，应当及时处理；认为需要维持行政处罚决定的，应当自收到行政复议申请之日起五日内转送行政复议机关。

第三十三条　行政复议机关受理行政复议申请后，发现该行政复议申请不符合本法第三十条第一款规定的，应当决定驳回申请并说明理由。

第三十四条　法律、行政法规规定应当先向行政复议机关申请行政复议、对行政复议决定不服再向人民法院提起行政诉讼的，行政复议机关决定不予受理、驳回申请或者受理后超过行政复议期限不作答复的，公民、法人或者其他组织可以自收到决定书之日起或者行政复议期限届满之日起十五日内，依法向人民法院提起行政诉讼。

第三十五条　公民、法人或者其他组织依法提出行政复议申请，行政复议机关无正当理由不予受理、驳回申请或者受理后超过行政复议期限不作答复的，申请人有权向上级行政机关反映，上级行政机关应当责令其纠正；必要时，上级行政复议机关可以直接受理。

第四章　行政复议审理

第一节　一般规定

第三十六条　行政复议机关受理行政复议申请后，依照本法适用普通程序或者简易程序进行审理。行政复议机构应当指定行政复议人员负责办理行政复议案件。

行政复议人员对办理行政复议案件过程中知悉的国家秘密、商业秘密和个人隐私，应当予以保密。

第三十七条　行政复议机关依照法律、法规、规章审理行政复议案件。

行政复议机关审理民族自治地方的行政复议案件，同时依照该民族自治地方的自治条例和单行条例。

第三十八条　上级行政复议机关根据需要，可以审理下级行政复议机关管辖的行政复议案件。

下级行政复议机关对其管辖的行政复议案件，认为需要由上级行政复议机关审理的，可以报请上级行政复议机关决定。

第三十九条　行政复议期间有下列情形之一的，行政复议中止：

（一）作为申请人的公民死亡，其近亲属尚未确定是否参加行政复议；

（二）作为申请人的公民丧失参加行政复议的行为能力，尚未确定法定代理人参加行政复议；

（三）作为申请人的公民下落不明；

（四）作为申请人的法人或者其他组织终止，尚未确定权利义务承受人；

（五）申请人、被申请人因不可抗力或者其他正当理由，不能参加行政复议；

（六）依照本法规定进行调解、和解，申请人和被申请人同意中止；

（七）行政复议案件涉及的法律适用问题需要有权机关作出解释或者确认；

（八）行政复议案件审理需要以其他案件的审理结果为依据，而其他案件尚未审结；

（九）有本法第五十六条或者第五十七条规定的情形；

（十）需要中止行政复议的其他情形。

行政复议中止的原因消除后，应当及时恢复行政复议案件的审理。

行政复议机关中止、恢复行政复议案件的审理，应当书面告知当事人。

第四十条　行政复议期间，行政复议机关无正当理由中止行政复议的，上级行政机关应当责令其恢复审理。

第四十一条　行政复议期间有下列情形之一的，行政复议机关决定终止行政复议：

（一）申请人撤回行政复议申请，行政复议机构准予撤回；

（二）作为申请人的公民死亡，没有近亲属或者其近亲属放弃行政复议权利；

（三）作为申请人的法人或者其他组织终止，没有权利义务承受人或者其权利义务承受人放弃行政复议权利；

（四）申请人对行政拘留或者限制人身自由的行政强制措施不服申请行政复议后，因同一违法行为涉嫌犯罪，被采取刑事强制措施；

（五）依照本法第三十九条第一款第一项、第二项、第四项的规定中止行政复议满六十日，行政复议中止的原因仍未消除。

第四十二条　行政复议期间行政行为不停止执行；但是有下列情形之一的，应当停止执行：

（一）被申请人认为需要停止执行；

（二）行政复议机关认为需要停止执行；

（三）申请人、第三人申请停止执行，行政复议机关认为其要求合理，决定停止执行；

（四）法律、法规、规章规定停止执行的其他情形。

第二节　行政复议证据

第四十三条　行政复议证据包括：

（一）书证；

（二）物证；

（三）视听资料；

（四）电子数据；

（五）证人证言；

（六）当事人的陈述；

（七）鉴定意见；

（八）勘验笔录、现场笔录。

以上证据经行政复议机构审查属实,才能作为认定行政复议案件事实的根据。

第四十四条 被申请人对其作出的行政行为的合法性、适当性负有举证责任。

有下列情形之一的,申请人应当提供证据:

(一)认为被申请人不履行法定职责的,提供曾经要求被申请人履行法定职责的证据,但是被申请人应当依职权主动履行法定职责或者申请人因正当理由不能提供的除外;

(二)提出行政赔偿请求的,提供受行政行为侵害而造成损害的证据,但是因被申请人原因导致申请人无法举证的,由被申请人承担举证责任;

(三)法律、法规规定需要申请人提供证据的其他情形。

第四十五条 行政复议机关有权向有关单位和个人调查取证,查阅、复制、调取有关文件和资料,向有关人员进行询问。

调查取证时,行政复议人员不得少于两人,并应当出示行政复议工作证件。

被调查取证的单位和个人应当积极配合行政复议人员的工作,不得拒绝或者阻挠。

第四十六条 行政复议期间,被申请人不得自行向申请人和其他有关单位或者个人收集证据;自行收集的证据不作为认定行政行为合法性、适当性的依据。

行政复议期间,申请人或者第三人提出被申请行政复议的行政行为作出时没有提出的理由或者证据的,经行政复议机构同意,被申请人可以补充证据。

第四十七条 行政复议期间,申请人、第三人及其委托代理人可以按照规定查阅、复制被申请人提出的书面答复、作出行政行为的证据、依据和其他有关材料,除涉及国家秘密、商业秘密、个人隐私或者可能危及国家安全、公共安全、社会稳定的情形外,行政复议机构应当同意。

第三节 普通程序

第四十八条 行政复议机构应当自行政复议申请受理之日起七日内,将行政复议申请书副本或者行政复议申请笔录复印件发送被申请人。被申请人应当自收到行政复议申请书副本或者行政复议申请笔录复印件之日起十日内,提出书面答复,并提交作出行政行为的证据、依据和其他有关材料。

第四十九条 适用普通程序审理的行政复议案件,行政复议机构应当当面或者通过互联网、电话等方式听取当事人的意见,并将听取的意见记录在案。因当事人原因不能听取意见的,可以书面审理。

第五十条 审理重大、疑难、复杂的行政复议案件,行政复议机构应当组织听证。

行政复议机构认为有必要听证,或者申请人请求听证的,行政复议机构可以组织听证。

听证由一名行政复议人员任主持人,两名以上行政复议人员任听证员,一名记录员制作听证笔录。

第五十一条 行政复议机构组织听证的,应当于举行听证的五日前将听证的时间、地点和拟听证事项书面通知当事人。

申请人无正当理由拒不参加听证的,视为放弃听证权利。

被申请人的负责人应当参加听证。不能参加的,应当说明理由并委托相应的工作人员参加听证。

第五十二条 县级以上各级人民政府应当建立相关政府部门、专家、学者等参与的行政复议委员会,为办理行政复议案件提供咨询意见,并就行政复议工作中的重大事项和共性问题研究提出意见。行政复议委员会的组成和开展工作的具体办法，由国务院行政复议机构制定。

审理行政复议案件涉及下列情形之一的，行政复议机构应当提请行政复议委员会提出咨询意见：

（一）案情重大、疑难、复杂；

（二）专业性、技术性较强；

（三）本法第二十四条第二款规定的行政复议案件；

（四）行政复议机构认为有必要。

行政复议机构应当记录行政复议委员会的咨询意见。

第四节　简易程序

第五十三条　行政复议机关审理下列行政复议案件，认为事实清楚、权利义务关系明确、争议不大的，可以适用简易程序：

（一）被申请行政复议的行政行为是当场作出；

（二）被申请行政复议的行政行为是警告或者通报批评；

（三）案件涉及款额三千元以下；

（四）属于政府信息公开案件。

除前款规定以外的行政复议案件，当事人各方同意适用简易程序的，可以适用简易程序。

第五十四条　适用简易程序审理的行政复议案件，行政复议机构应当自受理行政复议申请之日起三日内，将行政复议申请书副本或者行政复议申请笔录复印件发送被申请人。被申请人应当自收到行政复议申请书副本或者行政复议申请笔录复印件之日起五日内，提出书面答复，并提交作出行政行为的证据、依据和其他有关材料。

适用简易程序审理的行政复议案件，可以书面审理。

第五十五条　适用简易程序审理的行政复议案件，行政复议机构认为不宜适用简易程序的，经行政复议机构的负责人批准，可以转为普通程序审理。

第五节 行政复议附带审查

第五十六条 申请人依照本法第十三条的规定提出对有关规范性文件的附带审查申请，行政复议机关有权处理的，应当在三十日内依法处理；无权处理的，应当在七日内转送有权处理的行政机关依法处理。

第五十七条 行政复议机关在对被申请人作出的行政行为进行审查时，认为其依据不合法，本机关有权处理的，应当在三十日内依法处理；无权处理的，应当在七日内转送有权处理的国家机关依法处理。

第五十八条 行政复议机关依照本法第五十六条、第五十七条的规定有权处理有关规范性文件或者依据的，行政复议机构应当自行政复议中止之日起三日内，书面通知规范性文件或者依据的制定机关就相关条款的合法性提出书面答复。制定机关应当自收到书面通知之日起十日内提交书面答复及相关材料。

行政复议机构认为必要时，可以要求规范性文件或者依据的制定机关当面说明理由，制定机关应当配合。

第五十九条 行政复议机关依照本法第五十六条、第五十七条的规定有权处理有关规范性文件或者依据，认为相关条款合法的，在行政复议决定书中一并告知；认为相关条款超越权限或者违反上位法的，决定停止该条款的执行，并责令制定机关予以纠正。

第六十条 依照本法第五十六条、第五十七条的规定接受转送的行政机关、国家机关应当自收到转送之日起六十日内，将处理意见回复转送的行政复议机关。

第五章 行政复议决定

第六十一条 行政复议机关依照本法审理行政复议案件，由行政复议机构对行政行为进行审查，提出意见，经行政复议机关的负责人同意或者集体讨论通过后，以行政复议机关的名义作出行政复议决定。

经过听证的行政复议案件，行政复议机关应当根据听证笔录、审查认定的事实和证据，依照本法作出行政复议决定。

提请行政复议委员会提出咨询意见的行政复议案件，行政复议机关应当将咨询意见作为作出行政复议决定的重要参考依据。

第六十二条 适用普通程序审理的行政复议案件，行政复议机关应当自受理申请之日起六十日内作出行政复议决定；但是法律规定的行政复议期限少于六十日的除外。情况复杂，不能在规定期限内作出行政复议决定的，经行政复议机构的负责人批准，可以适当延长，并书面告知当事人；但是延长期限最多不得超过三十日。

适用简易程序审理的行政复议案件，行政复议机关应当自受理申请之日起三十日内作出行政复议决定。

第六十三条 行政行为有下列情形之一的，行政复议机关决定变更该行政行为：

（一）事实清楚，证据确凿，适用依据正确，程序合法，但是内容不适当；

（二）事实清楚，证据确凿，程序合法，但是未正确适用依据；

（三）事实不清、证据不足，经行政复议机关查清事实和证据。

行政复议机关不得作出对申请人更为不利的变更决定，但是第三人提出相反请求的除外。

第六十四条　行政行为有下列情形之一的，行政复议机关决定撤销或者部分撤销该行政行为，并可以责令被申请人在一定期限内重新作出行政行为：

（一）主要事实不清、证据不足；

（二）违反法定程序；

（三）适用的依据不合法；

（四）超越职权或者滥用职权。

行政复议机关责令被申请人重新作出行政行为的，被申请人不得以同一事实和理由作出与被申请行政复议的行政行为相同或者基本相同的行政行为，但是行政复议机关以违反法定程序为由决定撤销或者部分撤销的除外。

第六十五条　行政行为有下列情形之一的，行政复议机关不撤销该行政行为，但是确认该行政行为违法：

（一）依法应予撤销，但是撤销会给国家利益、社会公共利益造成重大损害；

（二）程序轻微违法，但是对申请人权利不产生实际影响。

行政行为有下列情形之一，不需要撤销或者责令履行的，行政复议机关确认该行政行为违法：

（一）行政行为违法，但是不具有可撤销内容；

（二）被申请人改变原违法行政行为，申请人仍要求撤销或者确认该行政行为违法；

（三）被申请人不履行或者拖延履行法定职责，责令履行没有意义。

第六十六条　被申请人不履行法定职责的，行政复议机关决定被申请人在一定期限内履行。

第六十七条　行政行为有实施主体不具有行政主体资格或者没有依据等重大且明显违法情形，申请人申请确认行政行为无效的，行政复议机关确认该行政行为无效。

第六十八条 行政行为认定事实清楚，证据确凿，适用依据正确，程序合法，内容适当的，行政复议机关决定维持该行政行为。

第六十九条 行政复议机关受理申请人认为被申请人不履行法定职责的行政复议申请后，发现被申请人没有相应法定职责或者在受理前已经履行法定职责的，决定驳回申请人的行政复议请求。

第七十条 被申请人不按照本法第四十八条、第五十四条的规定提出书面答复、提交作出行政行为的证据、依据和其他有关材料的，视为该行政行为没有证据、依据，行政复议机关决定撤销、部分撤销该行政行为，确认该行政行为违法、无效或者决定被申请人在一定期限内履行，但是行政行为涉及第三人合法权益，第三人提供证据的除外。

第七十一条 被申请人不依法订立、不依法履行、未按照约定履行或者违法变更、解除行政协议的，行政复议机关决定被申请人承担依法订立、继续履行、采取补救措施或者赔偿损失等责任。

被申请人变更、解除行政协议合法，但是未依法给予补偿或者补偿不合理的，行政复议机关决定被申请人依法给予合理补偿。

第七十二条 申请人在申请行政复议时一并提出行政赔偿请求，行政复议机关对依照《中华人民共和国国家赔偿法》的有关规定应当不予赔偿的，在作出行政复议决定时，应当同时决定驳回行政赔偿请求；对符合《中华人民共和国国家赔偿法》的有关规定应当给予赔偿的，在决定撤销或者部分撤销、变更行政行为或者确认行政行为违法、无效时，应当同时决定被申请人依法给予赔偿；确认行政行为违法的，还可以同时责令被申请人采取补救措施。

申请人在申请行政复议时没有提出行政赔偿请求的，行政复议机关在依法决定撤销或者部分撤销、变更罚款，撤销或者部分撤销违法集资、没收财物、征收征用、摊派费用以及对财产的查封、扣押、冻结等行政行为时，应当同时责令被申请人返还财产，解除对财产的查封、扣押、冻结措施，或者赔偿相应的价款。

第七十三条 当事人经调解达成协议的，行政复议机关应当制作行政复议调解书，经各方当事人签字或者签章，并加盖行政复议机关印章，即具有法律效力。

调解未达成协议或者调解书生效前一方反悔的，行政复议机关应当依法审查或者及时作出行政复议决定。

第七十四条 当事人在行政复议决定作出前可以自愿达成和解，和解内容不得损害国家利益、社会公共利益和他人合法权益，不得违反法律、法规的强制性规定。

当事人达成和解后，由申请人向行政复议机构撤回行政复议申请。行政复议机构准予撤回行政复议申请、行政复议机关决定终止行政复议的，申请人不得再以同一事实和理由提出行政复议申请。但是，申请人能够证明撤回行政复议申请违背其真实意愿的除外。

第七十五条 行政复议机关作出行政复议决定，应当制作行政复议决定书，并加盖行政复议机关印章。

行政复议决定书一经送达，即发生法律效力。

第七十六条 行政复议机关在办理行政复议案件过程中，发现被申请人或者其他下级行政机关的有关行政行为违法或者不当的，可以向其制发行政复议意见书。有关机关应当自收到行政复议意见书之日起六十日内，将纠正相关违法或者不当行政行为的情况报送行政复议机关。

第七十七条 被申请人应当履行行政复议决定书、调解书、意见书。

被申请人不履行或者无正当理由拖延履行行政复议决定书、调解书、意见书的，行政复议机关或者有关上级行政机关应当责令其限期履行，并可以约谈被申请人的有关负责人或者予以通报批评。

第七十八条 申请人、第三人逾期不起诉又不履行行政复议决定书、调解书的，或者不履行最终裁决的行政复议决定的，按照下列规定分别处理：

（一）维持行政行为的行政复议决定书，由作出行政行为的行政机关依法强制执行，或者申请人民法院强制执行；

（二）变更行政行为的行政复议决定书，由行政复议机关依法强制执行，或者申请人民法院强制执行；

（三）行政复议调解书，由行政复议机关依法强制执行，或者申请人民法院强制执行。

第七十九条 行政复议机关根据被申请行政复议的行政行为的公开情况，按照国家有关规定将行政复议决定书向社会公开。

县级以上地方各级人民政府办理以本级人民政府工作部门为被申请人的行政复议案件，应当将发生法律效力的行政复议决定书、意见书同时抄告被申请人的上一级主管部门。

第六章 法律责任

第八十条 行政复议机关不依照本法规定履行行政复议职责，对负有责任的领导人员和直接责任人员依法给予警告、记过、记大过的处分；经有权监督的机关督促仍不改正或者造成严重后果的，依法给予降级、撤职、开除的处分。

第八十一条 行政复议机关工作人员在行政复议活动中，徇私舞弊或者有其他渎职、失职行为的，依法给予警告、记过、记大过的处分；情节严重的，依法给予降级、撤职、开除的处分；构成犯罪的，依法追究刑事责任。

第八十二条 被申请人违反本法规定，不提出书面答复或者不提交作出行政行为的证据、依据和其他有关材料，或者阻挠、变相阻挠公民、法人或者其他组织依法申请行政复议的，对负有责任的领导人员和直接责任人员依法给予警告、记过、记大过的处分；进行报复陷害的，依法给予降级、撤职、开除的处分；构成犯罪的，依法追究刑事责任。

第八十三条 被申请人不履行或者无正当理由拖延履行行政复议决定书、调解书、意见书的，对负有责任的领导人员和直接责任人员依法给予警告、记过、记大过的处分；经责令履行仍拒不履行的，依法给予降级、撤职、开除的处分。

第八十四条 拒绝、阻挠行政复议人员调查取证，故意扰乱行政复议工作秩序的，依法给予处分、治安管理处罚；构成犯罪的，依法追究刑事责任。

第八十五条 行政机关及其工作人员违反本法规定的，行政复议机关可以向监察机关或者公职人员任免机关、单位移送有关人员违法的事实材料，接受移送的监察机关或者公职人员任免机关、单位应当依法处理。

第八十六条 行政复议机关在办理行政复议案件过程中，发现公职人员涉嫌贪污贿赂、失职渎职等职务违法或者职务犯罪的问题线索，应当依照有关规定移送监察机关，由监察机关依法调查处置。

第七章　附　　则

第八十七条 行政复议机关受理行政复议申请，不得向申请人收取任何费用。

第八十八条 行政复议期间的计算和行政复议文书的送达，本法没有规定的，依照《中华人民共和国民事诉讼法》关于期间、送达的规定执行。

本法关于行政复议期间有关"三日"、"五日"、"七日"、"十日"的规定是指工作日,不含法定休假日。

第八十九条　外国人、无国籍人、外国组织在中华人民共和国境内申请行政复议,适用本法。

第九十条　本法自 2024 年 1 月 1 日起施行。

中华人民共和国民事诉讼法（节录）

（1991 年 4 月 9 日第七届全国人民代表大会第四次会议通过　根据 2007 年 10 月 28 日第十届全国人民代表大会常务委员会第三十次会议《关于修改〈中华人民共和国民事诉讼法〉的决定》第一次修正　根据 2012 年 8 月 31 日第十一届全国人民代表大会常务委员会第二十八次会议《关于修改〈中华人民共和国民事诉讼法〉的决定》第二次修正　根据 2017 年 6 月 27 日第十二届全国人民代表大会常务委员会第二十八次会议《关于修改〈中华人民共和国民事诉讼法〉和〈中华人民共和国行政诉讼法〉的决定》第三次修正　根据 2021 年 12 月 24 日第十三届全国人民代表大会常务委员会第三十二次会议《关于修改〈中华人民共和国民事诉讼法〉的决定》第四次修正　根据 2023 年 9 月 1 日第十四届全国人民代表大会常务委员会第五次会议《关于修改〈中华人民共和国民事诉讼法〉的决定》第五次修正）

……

第八章 调 解

第九十六条 【法院调解原则】人民法院审理民事案件，根据当事人自愿的原则，在事实清楚的基础上，分清是非，进行调解。

第九十七条 【法院调解的程序】人民法院进行调解，可以由审判员一人主持，也可以由合议庭主持，并尽可能就地进行。

人民法院进行调解，可以用简便方式通知当事人、证人到庭。

第九十八条 【对法院调解的协助】人民法院进行调解，可以邀请有关单位和个人协助。被邀请的单位和个人，应当协助人民法院进行调解。

第九十九条 【调解协议的达成】调解达成协议，必须双方自愿，不得强迫。调解协议的内容不得违反法律规定。

第一百条 【调解书的制作、送达和效力】调解达成协议，人民法院应当制作调解书。调解书应当写明诉讼请求、案件的事实和调解结果。

调解书由审判人员、书记员署名，加盖人民法院印章，送达双方当事人。

调解书经双方当事人签收后，即具有法律效力。

第一百零一条 【不需要制作调解书的案件】下列案件调解达成协议，人民法院可以不制作调解书：

（一）调解和好的离婚案件；

（二）调解维持收养关系的案件；

（三）能够即时履行的案件；

（四）其他不需要制作调解书的案件。

对不需要制作调解书的协议，应当记入笔录，由双方当事人、审判人员、书记员签名或者盖章后,即具有法律效力。

第一百零二条 【调解不成或调解后反悔的处理】调解未达成协议或者调解书送达前一方反悔的,人民法院应当及时判决。

……

第十五章 特别程序

……

第七节 确认调解协议案件

第二百零五条 【调解协议的司法确认】经依法设立的调解组织调解达成调解协议,申请司法确认的,由双方当事人自调解协议生效之日起三十日内,共同向下列人民法院提出:

(一)人民法院邀请调解组织开展先行调解的,向作出邀请的人民法院提出;

(二)调解组织自行开展调解的,向当事人住所地、标的物所在地、调解组织所在地的基层人民法院提出;调解协议所涉纠纷应当由中级人民法院管辖的,向相应的中级人民法院提出。

第二百零六条 【审查及裁定】人民法院受理申请后,经审查,符合法律规定的,裁定调解协议有效,一方当事人拒绝履行或者未全部履行的,对方当事人可以向人民法院申请执行;不符合法律规定的,裁定驳回申请,当事人可以通过调解方式变更原调解协议或者达成新的调解协议,也可以向人民法院提起诉讼。

……

黑龙江省社会矛盾纠纷多元化解条例

（2017年10月13日黑龙江省第十二届人民代表大会常务委员会第三十六次会议通过 2017年10月13日黑龙江省第十二届人民代表大会常务委员会公告第50号公布 自2018年1月1日起施行）

第一章 总 则

第一条 为促进和规范社会矛盾纠纷多元化解工作，保障当事人合法权益，维护社会和谐稳定，弘扬社会主义核心价值观，完善社会治理体系，提高社会治理能力，根据有关法律、行政法规的规定，结合本省实际，制定本条例。

第二条 本省辖区内的国家机关、企业、事业单位、人民团体、社会团体和其他组织以及公民个人，通过调解、行政裁决、行政复议、公证、仲裁、诉讼等途径，解决当事人矛盾纠纷适用本条例。

法律、行政法规、司法解释对化解矛盾纠纷有其他规定的，适用该规定。

第三条 社会矛盾纠纷多元化解应当遵循下列原则：

（一）不违背法律、法规，遵循公序良俗，诚实信用，不得损害国家利益、社会公共利益和他人合法权益；

（二）和解、调解优先，多种纠纷化解途径有机衔接；

（三）坚持政府主导、综合治理部门协调、司法指导、部门联动和社会参与，及时、就地化解矛盾纠纷；

（四）坚持属地管理和谁主管谁负责相结合，坚持预防和化解相结合。

第四条 当事人在纠纷化解活动中享有下列权利：

（一）依法自愿选择纠纷化解途径；

（二）自主表达真实意愿；

（三）自愿达成协议，不受胁迫。

第五条 当事人在纠纷化解活动中应当履行下列义务：

（一）如实陈述纠纷事实；

（二）遵守现场秩序，尊重纠纷化解工作人员；

（三）尊重对方当事人行使权利；

（四）及时履行达成的协议和生效法律文书。

第二章 职责分工

第六条 各级人民政府应当加强社会矛盾纠纷多元化解能力建设，促进各类纠纷化解组织的发展，督促各行政部门落实纠纷化解责任。

县级以上人民政府应当将社会矛盾纠纷多元化解工作纳入国民经济和社会发展规划。

第七条 各级社会治安综合治理部门负责社会矛盾纠纷多元化解组织协调、督导检查和评估工作，组织建立联动处理机制，将矛盾纠纷化解工作纳入综合治理目标和考核体系。

第八条 人民法院应当建立健全诉讼与和解、调解、行政裁决、行政复议、公证、仲裁等非诉讼纠纷化解渠道相衔接的工作制度，与行政机关、公证机构、仲裁机构和调解组织协调配合，负责效力确认、生效法律文书执行和法律指导等工作。

第九条　人民检察院对依法可以和解的刑事案件、刑事案件中的人身财产损害赔偿问题，依据《中华人民共和国刑事诉讼法》和相关司法解释的规定建议当事人和解。

第十条　公安机关在办理治安、交通事故、轻微刑事等案件中，对符合和解、调解条件的，可以协调当事人和解、调解，并可以参与乡镇、街道、社区居民委员会、村民委员会化解纠纷的和解、调解工作。

矛盾纠纷化解组织在化解纠纷过程中，发现纠纷激化，有可能引起治安案件、刑事案件，向当地公安机关报警求助的，公安机关应当及时出警，维持纠纷化解工作秩序、保护纠纷化解工作人员和当事人的人身安全。

第十一条　司法行政机关负责指导人民调解工作，推动设立行业性、专业性调解组织和网络化建设，促进人民调解与行政调解、司法调解等相关调解组织的衔接联动，引导律师事务所、司法鉴定机构、法律援助机构、公证机构和基层法律服务所等法律服务组织参与纠纷化解工作。

第十二条　人民政府法制工作机构负责本级人民政府行政调解、行政裁决的综合协调和指导工作，依法办理行政复议案件，开展行政复议和解、调解工作。

第十三条　信访工作机构应当按照其法定职责依法协调处理来信来访反映的问题。对正在通过行政裁决、行政复议、仲裁、诉讼等途径处理的诉求，信访工作机构不予受理。

第十四条　行政机关应当依照职责进行行政调解、行政裁决和行政复议，应当对本领域行业性、专业性调解组织的工作予以支持、指导和监督。职责范围内纠纷化解工作较多的行政机关可以建立调解平台和信息库。

法律、法规授权的具有管理社会公共事务职能的组织应当参与与其管理职能有关的调解工作。

跨行政区域、跨部门、跨行业的纠纷，负有纠纷化解职责的行政机关或者具有管理社会公共事务职能的组织应当加强协调配合，共同予以化解。

第十五条 民事商事仲裁机构、劳动人事争议仲裁机构、农村土地承包仲裁机构应当依法履行职责，对受理的案件，应当引导当事人和解或者主动进行调解。

第十六条 工会、共产主义青年团、妇女联合会、残疾人联合会、工商业联合会等组织应当依照各自工作职责做好预防和化解纠纷工作。

第十七条 法学研究会、律师协会等组织应当根据章程的规定，运用专业知识为各种纠纷化解组织提供法律帮助和支持。

第十八条 行业协会、商会等社会组织可以设立行业性、专业性调解组织，调解具有行业性、专业性以及特定类型的民事、商事纠纷。

行业协会、商会、社会服务机构可以设立商事调解组织，在投资、金融、证券期货、保险、房地产、物业、工程承包、技术转让、知识产权、国际贸易等领域为当事人提供商事调解服务。

第十九条 村民委员会、社区居民委员会应当健全人民调解组织，对村民、居民纠纷进行调解。

第二十条 企业、事业单位根据需要建立调解组织，负责调解本单位的劳动、人事等纠纷。

第二十一条 各类调解组织应当配备符合条件的调解人员。

第二十二条 各类纠纷化解组织和当事人可以邀请双方信赖、有威望、有纠纷化解能力的公民参与纠纷的预防和化解工作。

公益慈善类、城乡社区服务类社会组织和新闻媒体等单位可以参与民间纠纷化解工作。

第二十三条　各类矛盾纠纷化解组织应当建立矛盾纠纷定期排查机制，及时了解群众关注和期望解决的热点、难点问题，掌握相关矛盾纠纷情况，将矛盾纠纷化解在初期。

各类矛盾纠纷化解组织对已经初步解决的矛盾纠纷应当回访，了解各方当事人对和解协议、调解协议等矛盾纠纷化解方案或者生效法律文书的履行情况，对当事人反悔或者其他原因未履行的，应当予以说服教育，督促其履行。

第三章　化解途径

第二十四条　鼓励当事人通过协商达成纠纷和解，和解有困难的可以申请调解组织进行调解。

调解组织应当通过说服、疏导等方法，促使当事人自愿达成调解协议，化解纠纷。

当事人不能或者不同意通过和解、调解解决纠纷的，可以通过行政裁决、行政复议、仲裁、诉讼或者法律、法规规定的其他途径解决。

第二十五条　调解纠纷应当适用法律、法规、政策，在不违背法律、法规、政策的情况下可以适用行业规范、习惯和村规民约。

第二十六条　企业、事业单位与职工发生的劳动、人事争议可以通过本单位具有调解职能的组织进行调解，也可以到用人单位所在地的劳动人事争议调解组织或者人民调解组织进行调解。

第二十七条　律师、法律工作者和有关专家，可以接受各方当事人的共同委托，对争议事实、法律依据和争议结果进行评估，提出纠纷化解途径的建议，评估意见可以作为协商、调解的参考依据。

律师、法律工作者和有关专家，可以接受当事人单方委托，辅助或者代理其参与和解、调解。

第二十八条 行政机关在履行职责过程中，当事人申请调解与行政管理职责有关的纠纷，依法可以由行政机关调解的，应当调解；依法应当由行政机关调解的，应当主动进行调解。

行政机关依职权处理具有民事权利义务内容的纠纷时，经双方当事人同意，可以委托相关调解组织调解。

政府或者有关部门对资源开发、环境污染、公共安全等方面的纠纷，以及涉及人数较多、影响较大、可能影响社会稳定的纠纷，应当进行分析研判、预测预警、采取预防措施并依职权主动进行调解。政府部门调解不成的，应当及时向本级政府报告；政府调解不成的，应当及时向上级主管部门报告。

第二十九条 对当事人起诉到人民法院适宜调解的案件，登记立案前征得当事人同意，人民法院可以委托公证机构、特邀调解组织、特邀调解员进行调解。

第三十条 审理过程中，人民法院认为适宜调解的案件，经当事人同意，可以委托特邀调解组织、特邀调解员或者人民法院专职调解员进行调解。

根据前款规定，委托调解达成协议，当事人申请人民法院出具调解书的，人民法院审查后依法出具调解书。

第四章 途径引导

第三十一条 各类纠纷化解组织应当鼓励当事人按照和解、调解、行政裁决、行政复议、仲裁和诉讼的顺序选择适宜的纠纷化解途径，但应当告知当事人有关诉讼时效的规定。

有关行政机关可以在制定的格式合同范本中告知当事人具有选

择调解、行政裁决、行政复议、仲裁和诉讼等方式解决纠纷的权利。

第三十二条 行政机关和法律、法规授权的具有管理社会公共事务职能的组织在其法定职权范围内，可以通过建议、辅导、规劝等方式，引导当事人通过和解、调解化解纠纷。

第三十三条 行政机关和法律、法规授权的具有管理社会公共事务职能的组织受理行政裁决或者行政复议申请后，依法可以调解的，应当先行调解，调解不成的，作出行政裁决或者行政复议决定。

第三十四条 行政机关和法律、法规授权的具有管理社会公共事务职能的组织依法调解民事纠纷不成的，应当引导当事人通过行政裁决、仲裁、诉讼等方式解决。

第三十五条 民事商事仲裁机构在仲裁过程中，可以优先组织和解或者调解。

第三十六条 公证机构对于当事人有争议的适合公证调解的事项，可以进行调解。调解成功的，根据当事人的申请，可以办理公证。调解不成的，应当引导当事人通过其他非诉讼或者诉讼途径解决纠纷。

第三十七条 调解组织和调解人员对不适宜调解，或者调解不成的纠纷，应当及时告知当事人依法向有关行政机关申请处理、向仲裁机构申请仲裁或者向人民法院起诉。

第五章 效 力 确 认

第三十八条 经过调解组织或者公民调解，当事人依法达成的调解协议对于当事人具有法律约束力。

第三十九条 经过调解组织调解，当事人未达成调解协议的，调解人员对调解过程中各方没有争议的事实，在征得当事人同意后，应当进行记载并书面告知当事人法律后果,经当事人签字或者盖章确认。

当事人就部分争议事项达成调解协议的,调解组织可以就该部分先行确认并制作调解协议。

第四十条 调解未达成协议,但当事人之间已经就主要事项达成一致,仅就个别事项还有争议的,调解人员征得各方当事人书面同意后,可以提出调解方案并书面送达当事人。当事人在规定期限内对该调解方案书面认可的,调解方案成立;一方当事人提出书面异议的,视为调解方案不成立;未提出书面异议的,应当继续调解。

第四十一条 经过行政机关、公证机构、人民调解组织、商事调解组织、行业调解组织调解达成的调解协议,当事人可以共同向有管辖权的人民法院申请确认其效力。

调解协议具有给付内容的,当事人可以向公证机构申请办理保管、提存或者共同向公证机构申请办理具有强制执行效力的债权文书公证。

第四十二条 经过人民法院确认效力的调解协议,一方当事人不履行的,对方当事人可以依法向有管辖权的人民法院申请强制执行,人民法院应当及时执行。

第六章 工 作 规 范

第四十三条 各级人民政府、人民政府所属部门、人民法院、人民检察院应当建立社会矛盾纠纷化解责任制,明确承办工作机构和人员的纠纷化解责任。

第四十四条 各级人民政府所属部门、人民法院、人民检察院、人民团体、新闻媒体和其他社会组织应当开展社会矛盾纠纷多元化解工作的宣传，加深公众对社会矛盾纠纷多元化解的理解和认同。

第四十五条　各类矛盾纠纷化解组织应当履行告知义务，在纠纷化解场所内张贴纠纷化解告知书，书面告知当事人各种解决纠纷方式的风险和成本，不得作出不符合法律规定和实际情况的承诺。

第四十六条　有关国家机关、人民团体和其他社会组织应当加强对本系统、本单位调解人员的业务培训，提高其执业水平，推动调解人员队伍专业化建设。

第四十七条　人民法院应当建立诉讼与非诉讼对接平台，为化解纠纷提供服务。

调解组织可以在该平台设立调解工作室。

第四十八条　行政机关对当事人提出的属于其职权范围内的行政调解申请，应当在收到申请之日起五个工作日内征求对方当事人意见并决定是否受理，出具书面凭证；法律关系复杂的，或者涉及多个部门的，应当在收到申请之日起十个工作日内作出决定。

第四十九条　人民法院对行政机关、公证机构、人民调解组织、商事调解组织、行业调解组织等调解达成的调解协议进行司法确认，不得收取任何费用。

劳动人事争议仲裁机构、农村土地承包仲裁机构、人民调解组织、行政调解组织、行业调解组织开展调解工作，不得向当事人收取任何费用。

民事商事仲裁机构、公证机构、商事调解组织、律师事务所调解纠纷，可以按照争议标的金额或者调解时长收取调解费，但应当在受理前征得当事人同意。

参与纠纷和解、调解评估或者其他辅助工作的律师、相关专家或者其他中立第三方，在事先征得当事人同意情况下，和解、调解协议达成后，可以收取适当费用。

承担纠纷化解职责的各类国家机关以及本条所列不得收费的纠

纷化解组织，委托本条所列可以收费的机构和人员进行纠纷化解工作的，应当由委托方根据双方协议支付纠纷化解费用，不得向当事人收取费用。

第五十条 除法律、法规另有规定外，一般社会矛盾纠纷调解期限为十五日；疑难、重大社会矛盾纠纷经双方当事人同意延期的，可以延长十五日。

第五十一条 各类调解组织的调解人员与一方当事人有利害关系的，应当回避；但全体当事人书面表示不需要回避的除外。

第五十二条 调解组织和调解人员对当事人的个人隐私和商业秘密应当予以保密。

第五十三条 调解组织可以依托网络信息化平台，通过在线咨询、调解等方式，面向社会提供专业调解服务。

第五十四条 调解组织在调解过程中，可以根据需要邀请相关单位和人员参与调解。

第七章　工作保障

第五十五条 人民调解委员会工作补助经费、人民调解员补贴经费、劳动人事争议仲裁委员会经费、农村土地承包经营纠纷仲裁工作经费应当纳入各级人民政府财政预算。

第五十六条 各级人民政府、人民政府所属部门、人民法院、人民检察院和有条件的人民团体可以通过购买服务的方式，支持有关调解组织开展社会矛盾纠纷多元化解工作。

第五十七条 各类纠纷化解组织应当定期收集、整理、汇编调解典型案例，向各类调解组织免费发放，总结、宣传效果显著的调解方式、方法。

各级人民法院应当对本行政区域内的纠纷化解组织的培训工作提供专业指导，对具体问题的法律适用提出指导意见。

第五十八条 当事人符合社会救助条件的，民政、卫生计生、教育、住房城乡建设、人力资源社会保障等部门应当依法予以救助；符合司法救助条件的，人民法院、人民检察院应当依法提供司法救助；符合法律援助条件的，法律援助机构应当依法提供法律援助。

第五十九条 鼓励高等院校或者中等、初等职业教育学校开设社会矛盾纠纷多元化解专业或者培训课程，培养专业化的调解人才。

鼓励社会力量开办调解人员培训机构，成立调解工作志愿者队伍，为社会矛盾纠纷化解提供人才储备。

第八章 责任追究

第六十条 人民政府、人民政府所属部门、人民法院、人民检察院有下列情形之一的，由本级或者上一级社会治安综合治理部门予以通报、约谈、督办；造成严重后果的，建议有权机关对主管人员和其他直接责任人员依法处分：

（一）未建立社会矛盾纠纷化解责任制或者未明确纠纷化解责任承办工作机构和人员的；

（二）负有纠纷化解职责，无正当理由，拒不受理纠纷化解申请的；

（三）化解纠纷不及时，没有采取有效措施的；

（四）未履行本条例规定的其他义务的。

第六十一条 调解人员在调解工作中有下列行为之一的，由其所在的调解组织给予批评教育、责令改正；情节严重的，由推选或者聘任单位予以免职或者解聘，造成严重后果的，依法追究其相关法律责任：

（一）偏袒一方当事人的；

（二）侮辱当事人的；

（三）索取当事人财物或者牟取其他不正当利益的；

（四）泄露当事人个人隐私、商业秘密的；

（五）应当回避而未回避的；

（六）属于调解范围，无正当理由，拒不调解的；

（七）其他违反调解人员职业道德的行为。

第六十二条 人民调解组织、行业调解组织、行政机关调解组织化解纠纷，向当事人收取费用或者以其他名义收取报酬的，由主管部门责令退还，对直接负责的主管人员和其他直接责任人员依法处分。

第六十三条 可以收费的调解组织及其工作人员违反规定收取费用的，由其主管部门责令退还，并对直接责任人员给予处分；以调解为名骗取当事人财物的，由公安机关依法处理。

第六十四条 当事人在纠纷化解过程中扰乱纠纷化解工作秩序，侮辱纠纷化解工作人员和对方当事人的，纠纷化解工作人员可以终止纠纷化解工作，违反《中华人民共和国治安管理处罚法》的，由公安机关依法予以处罚。

第九章　附　　则

第六十五条 本条例自 2018 年 1 月 1 日起施行。

关于加强人民调解员队伍建设的意见

(2018年4月19日 司发〔2018〕2号)

为认真落实党的十九大精神，深入贯彻党的十八届四中全会关于发展人民调解员队伍的决策部署，全面贯彻实施人民调解法，现就加强人民调解员队伍建设提出如下意见。

一、充分认识加强人民调解员队伍建设的重要意义

人民调解是在继承和发扬我国民间调解优良传统基础上发展起来的一项具有中国特色的法律制度，是公共法律服务体系的重要组成部分，在矛盾纠纷多元化解机制中发挥着基础性作用。人民调解员是人民调解工作的具体承担者，肩负着化解矛盾、宣传法治、维护稳定、促进和谐的职责使命。加强人民调解员队伍建设，对于提高人民调解工作质量，充分发挥人民调解维护社会和谐稳定"第一道防线"作用，推进平安中国、法治中国建设，实现国家治理体系与治理能力现代化具有重要意义。党中央、国务院历来高度重视人民调解工作。党的十八大以来，习近平总书记多次对人民调解工作作出重要指示批示，为做好人民调解工作和加强人民调解员队伍建设指明了方向。广大人民调解员牢记使命、扎根基层、无私奉献，积极开展矛盾纠纷排查调解工作，切实把矛盾纠纷化解在基层，消除在萌芽状态，为维护社会和谐稳定、服务保障和改善民生作出了积极贡献。当前，中国特色社会主义进入新时代。社会主要矛盾已经转化为人民日益增长的美好生活需要和不平衡不充分的发展之间的矛盾。人民不仅对物质文化生活提出了更高要求，而且在民主、法治、公平、正义、安全、环境等方面的要求日益增长。党的十九大强调,要加强预防和化解社会矛盾机制建设,正确处理人民内部矛盾。这些都对人民调解、行业专业调解和调解员队伍建设提出了新的更高要求。各地各有关部门一定要充分认识加强人民调解员队伍建设的重要性、紧迫性,切实增强责任感和使命感,采取有效措施,大力推进人民调解员队伍建设,不断提高人民调解工作水平,全力维护社会和谐稳定。

二、加强人民调解员队伍建设的指导思想和基本原则

(一)指导思想

深入贯彻落实党的十九大精神,坚持以习近平新时代中国特色社会主义思想为指导,按照"五位一体"总体布局和"四个全面"战略布局,全面贯彻实施人民调解法,优化队伍结构,着力提高素质,完善管理制度,强化工作保障,努力建设一支政治合格、熟悉业务、热心公益、公道正派、秉持中立的人民调解员队伍,为平安中国、法治中国建设作出积极贡献。

(二)基本原则

——坚持党的领导。认真贯彻落实中央关于人民调解工作的决策部署,确保人民调解员队伍建设的正确方向。

——坚持依法推动。贯彻落实人民调解法、民事诉讼法等法律规定,不断提高人民调解员队伍建设的规范化、法治化水平。

——坚持择优选聘。按照法定条件和公开公平公正的原则,吸收更多符合条件的社会人士和专业人员参与人民调解工作。

——坚持专兼结合。在积极发展兼职人民调解员队伍的同时,大力加强专职人民调解员队伍建设,不断优化人民调解员队伍结构。

——坚持分类指导。根据各地实际情况和专兼职人民调解员队伍的不同特点,完善管理制度,创新管理方式,不断提高人民调解工作质量。

三、加强人民调解员队伍建设的主要任务

（一）认真做好人民调解员选任工作

1. 严格人民调解员选任条件。人民调解员由人民调解委员会委员和人民调解委员会聘任的人员担任，既可以兼职，也可以专职。人民调解员应由公道正派、廉洁自律、热心人民调解工作，并具有一定文化水平、政策水平和法律知识的成年公民担任。乡镇（街道）人民调解委员会的调解员一般应具有高中以上学历，行业性、专业性人民调解委员会的调解员一般应具有大专以上学历，并具有相关行业、专业知识或工作经验。

2. 依法推选人民调解委员会委员。人民调解委员会委员通过推选产生。村民委员会、社区居民委员会的人民调解委员会委员由村民会议或者村民代表会议、居民会议或者居民代表会议推选产生。企业事业单位设立的人民调解委员会委员由职工大会、职工代表大会或者工会组织推选产生。乡镇（街道）人民调解委员会委员由行政区域内村（居）民委员会、有关单位、社会团体、其他组织推选产生。行业性、专业性人民调解委员会委员由有关单位、社会团体或者其他组织推选产生。人民调解委员会委员任期届满，应及时改选，可连选连任。任期届满的原人民调解委员会主任应向推选单位报告工作，听取意见。新当选的人民调解委员会委员应及时向社会公布。

3. 切实做好人民调解员聘任工作。人民调解委员会根据需要可以聘任一定数量的专兼职人民调解员，并颁发聘书。要注重从德高望重的人士中选聘基层人民调解员。要注重选聘律师、公证员、仲裁员、基层法律服务工作者、医生、教师、专家学者等社会专业人士和退休法官、检察官、民警、司法行政干警以及相关行业主管部门退休人员担任人民调解员，不断提高人民调解员的专业化水平。要积极发展专职人民调解员队伍，行业性、专业性人民调解委员会应有3名以上专职人民调解员，乡镇（街道）人民调解委员会应有

2名以上专职人民调解员，有条件的村（居）和企事业单位人民调解委员会应有1名以上专职人民调解员，派驻有关单位和部门的人民调解工作室应有2名以上专职人民调解员。

（二）明确人民调解员职责任务

4. 人民调解员的职责任务。积极参与矛盾纠纷排查，对排查发现的矛盾纠纷线索，采取有针对性的措施，预防和减少矛盾纠纷的发生；认真开展矛盾纠纷调解，在充分听取当事人陈述和调查了解有关情况的基础上，通过说服、教育、规劝、疏导等方式方法，促进当事人平等协商、自愿达成调解协议，督促当事人及时履行协议约定的义务，人民调解员对当事人主动申请调解的，无正当理由不得推诿不受理；做好法治宣传教育工作，注重通过调解工作宣传法律、法规、规章和政策，教育公民遵纪守法，弘扬社会公德、职业道德和家庭美德；发现违法犯罪以及影响社会稳定和治安秩序的苗头隐患，及时报告辖区公安机关；主动向所在的人民调解委员会报告矛盾纠纷排查调解情况，认真做好纠纷登记、调解统计、案例选报和文书档案管理等工作；自觉接受司法行政部门指导和基层人民法院业务指导，严格遵守人民调解委员会制度规定，积极参加各项政治学习和业务培训；认真完成司法行政部门和人民调解委员会交办的其他工作任务。

（三）加强人民调解员思想作风建设

5. 加强思想政治建设。组织广大人民调解员认真学习宣传贯彻党的十九大精神，坚持以习近平新时代中国特色社会主义思想武装头脑、指导工作。教育引导人民调解员牢固树立政治意识、大局意识、核心意识、看齐意识，自觉在思想上政治上行动上同以习近平同志为核心的党中央保持高度一致。加强人民调解员职业道德教育，深入开展社会主义核心价值观和社会主义法治理念教育，弘扬调解文化，增强人民调解员的社会责任感和职业荣誉感。

6. 加强纪律作风建设。完善人民调解员行为规范，教育人民调解员严格遵守和执行职业道德和工作纪律，树立廉洁自律良好形象，培养优良作风。建立投诉处理机制，及时查处人民调解员违法违纪行为，不断提高群众满意度。

7. 加强党建工作。党员人民调解员应积极参加所属党支部的组织生活，加强党性修养，严守党员标准，自觉接受党内外群众的监督，发挥党员在人民调解工作中的先锋模范作用。支持具备条件的人民调解委员会单独建立党组织，落实基层党建基本制度，严格党内政治生活，突出政治功能，发挥战斗堡垒作用。

（四）加强人民调解员业务培训

8. 落实培训责任。开展人民调解员培训是司法行政部门的重要职责。要坚持分级负责、以县（市、区）为主，加大对人民调解员的培训力度。县（市、区）司法行政部门主要负责辖区内人民调解委员会主任、骨干调解员的岗前培训和年度培训，指导和组织司法所培训辖区内人民调解员；市（地、州）司法行政部门主要负责辖区内大中型企业、乡镇（街道）和行业性、专业性人民调解委员会主任、骨干调解员的岗前培训和年度培训；省（区、市）司法行政部门负责制定本地区人民调解员培训规划，组织人民调解员骨干示范培训，建立培训师资库；司法部负责组织编写培训教材，规范培训内容，开展人民调解员师资培训。司法行政部门要积极吸纳律师、公证员、司法鉴定人、专职人民调解员等作为培训师资力量，提高培训质量和水平。基层人民法院要结合审判工作实际和人民调解员队伍状况，积极吸纳人民调解委员会进入人民法院特邀调解组织名册，通过委派调解、委托调解，选任符合条件的人民调解员担任人民陪审员，加强司法确认工作等灵活多样的形式，加大对人民调解员进行业务培训的力度。

9. 丰富培训内容和形式。司法行政部门和人民调解员协会要根据本地和行业、专业领域矛盾纠纷特点设置培训课程，重点开展社会形势、法律政策、职业道德、专业知识和调解技能等方面的培训。创新培训方式和载体，采取集中授课、研讨交流、案例评析、实地考察、现场观摩、旁听庭审、实训演练等形式，提高培训的针对性、有效性。顺应"互联网+"发展趋势，建立完善人民调解员网络培训平台，推动信息技术与人民调解员培训深度融合。依托有条件的高校、培训机构开展培训工作，开发人民调解员培训课程和教材，建立完善人民调解员培训质量评估体系。

（五）加强对人民调解员的管理

10. 健全管理制度。人民调解委员会应当建立健全人民调解员聘用、学习、培训、考评、奖惩等各项管理制度，加强对人民调解员的日常管理。建立人民调解员名册制度，县（市、区）司法行政部门定期汇总人民调解员基本信息，及时向社会公开并通报人民法院，方便当事人选择和监督。建立岗位责任和绩效评价制度，完善评价指标体系。

11. 完善退出机制。人民调解员调解民间纠纷，应当坚持原则、明法析理、主持公道。对偏袒一方当事人，侮辱当事人，索取、收受财物或者牟取其他不正当利益，或泄露当事人的个人隐私、商业秘密的人民调解员，由其所在的人民调解委员会给予批评教育、责令改正；情节严重的，由推选或者聘任单位予以罢免或者解聘。对因违法违纪不适合继续从事调解工作；严重违反管理制度、怠于履行职责造成恶劣社会影响；不能胜任调解工作；因身体原因无法正常履职；自愿申请辞职的人民调解员，司法行政部门应及时督促推选或者聘任单位予以罢免或者解聘。

（六）积极动员社会力量参与人民调解工作

12. 发动社会力量广泛参与。切实发挥村（居）民小组长、楼栋长、网格员的积极作用，推动在村（居）民小组、楼栋（院落）

等建立纠纷信息员队伍，帮助了解社情民意，排查发现矛盾纠纷线索隐患。发展调解志愿者队伍，积极邀请"两代表一委员"（党代表、人大代表、政协委员）、"五老人员"（老党员、老干部、老教师、老知识分子、老政法干警）、专家学者、专业技术人员、城乡社区工作者、大学生村官等参与矛盾纠纷化解。充分发挥律师、公证员、司法鉴定人、基层法律服务工作者、法律援助工作者等司法行政系统资源优势，形成化解矛盾纠纷工作合力。

13. 建立人民调解咨询专家库。县级以上司法行政部门可以根据调解纠纷需要，会同相关行业主管部门设立人民调解咨询专家库，由法学、心理学、社会工作和相关行业、专业领域的专业人员组成，相关专家负责向人民调解委员会提供专家咨询意见和调解建议。人民调解咨询专家库可以是包含多领域专业人才的区域性综合型专家库，也可以是某一特定行业、专业领域的专家库。

（七）强化对人民调解员的工作保障

14. 落实人民调解员待遇。地方财政根据当地经济社会发展水平和财力状况，适当安排人民调解员补贴经费。人民调解员补贴经费的安排和发放应考虑调解员调解纠纷的数量、质量、难易程度、社会影响大小以及调解的规范化程度。补贴标准由县级以上司法行政部门商同级财政部门确定，明令禁止兼职取酬的人员，不得领取人民调解员补贴。对财政困难地区，省级要统筹现有资金渠道，加强人民调解工作经费保障。人民调解委员会设立单位和相关行业主管部门应依法为人民调解员开展工作提供场所、设施等办公条件和必要的工作经费。省（区、市）司法行政部门或人民调解员协会应通过报纸、网络等形式，每半年或一年向社会公开人民调解经费使用情况和工作开展情况，接受社会监督。

15. 通过政府购买服务推进人民调解工作。司法行政部门应当会同有关部门做好政府购买人民调解服务工作，完善购买方式和程序，积极培育人民调解员协会、相关行业协会等社会组织，鼓励其聘请专职人民调解员，积极参与承接政府购买人民调解服务。

16. 落实人民调解员抚恤政策。司法行政部门应及时了解掌握人民调解员需要救助的情况，协调落实相关政策待遇。符合条件的人民调解员因从事调解工作致伤致残，生活发生困难的，当地人民政府应当按照有关规定提供必要的医疗、生活救助；在人民调解工作岗位上因工作原因死亡的，其配偶、子女按照国家规定享受相应的抚恤等相关待遇。探索多种资金渠道为在调解工作中因工作原因死亡、伤残的人民调解员或其亲属提供帮扶。

17. 加强对人民调解员的人身保护。人民调解员依法调解民间纠纷，受到非法干涉、打击报复或者本人及其亲属人身财产安全受到威胁的，当地司法行政部门和人民调解员协会应当会同有关部门采取措施予以保护，维护其合法权益。探索建立人民调解员人身保障机制，鼓励人民调解委员会设立单位和人民调解员协会等为人民调解员购买人身意外伤害保险等。

四、加强对人民调解员队伍建设的组织领导

（一）加强组织领导

司法行政机关负责指导人民调解工作，要把人民调解员队伍建设摆上重要位置，列入重要议事日程，切实加强指导。要主动向党委和政府汇报人民调解工作，积极争取有关部门重视和支持，着力解决人民调解员开展工作遇到的困难和问题。要完善相关制度，提高人民调解员队伍管理水平。人民调解员协会要发挥行业指导作用，积极做好对人民调解员的教育培训、典型宣传、权益维护等工作，加强对人民调解员队伍的服务和管理。

（二）落实部门职责

各有关部门要明确自身职责，加强协调配合，共同做好人民调解工作。各级政法委要将人民调解员队伍建设纳入综治工作（平安建设）考核评价体系。人民法院要通过各种形式，加强对人民调解员调解纠纷的业务指导，提高人民调解工作水平。财政部门要落实财政保障责任，会同司法行政部门确定经费保障标准，建立动态调整机制。民政部门要对符合条件的人民调解员落实相关社会救助和抚恤政策，会同人力资源社会保障部门把符合条件的人民调解员纳入社会工作专业人才培养和职业水平评价体系。各相关行业主管部门要从各方面对人民调解员开展工作提供支持和保障。

（三）加强表彰宣传

认真贯彻落实人民调解法，加大对人民调解员的表彰力度，对有突出贡献的人民调解员按照国家有关规定给予表彰奖励。要充分运用传统媒体和网络、微信、微博等新媒体，积极宣传人民调解工作典型人物和先进事迹，扩大人民调解工作社会影响力，增强广大人民调解员的职业荣誉感和自豪感，为人民调解员开展工作创造良好社会氛围。

各地要结合实际，按照本意见精神制定具体实施意见。

最高人民法院、司法部关于开展律师调解试点工作的意见

（2017年9月30日　司发通〔2017〕105号）

为贯彻落实《中共中央关于全面推进依法治国若干重大问题的决定》以及中共中央办公厅、国务院办公厅《关于完善矛盾纠纷多元化解机制的意见》《关于深化律师制度改革的意见》和最高人民法院《关于人民法院进一步深化多元化纠纷解决机制改革的意见》，充分发挥律师在预防和化解矛盾纠纷中的专业优势、职业优势和实

践优势，健全完善律师调解制度，推动形成中国特色的多元化纠纷解决体系，现就开展律师调解试点工作提出以下意见。

一、总体要求

1. 指导思想。全面贯彻党的十八大和十八届三中、四中、五中、六中全会精神，深入贯彻习近平总书记系列重要讲话和对律师工作的重要指示精神，围绕全面推进依法治国总目标，深化多元化纠纷解决机制改革，健全诉调对接工作机制，充分发挥律师职能作用，建立律师调解工作模式，创新律师调解方式方法，有效化解各类矛盾纠纷，维护当事人合法权益，促进社会公平正义，维护社会和谐稳定。

2. 基本原则。

——坚持依法调解。律师调解工作应当依法进行，不得违反法律法规的禁止性规定，不得损害国家利益、社会公共利益和当事人及其他利害关系人的合法权益。

——坚持平等自愿。律师开展调解工作，应当充分尊重各方当事人的意愿，尊重当事人对解决纠纷程序的选择权，保障其诉讼权利。

——坚持调解中立。律师调解应当保持中立，不得有偏向任何一方当事人的言行，维护调解结果的客观性、公正性和可接受性。

——坚持调解保密。除当事人一致同意或法律另有规定的外，调解事项、调解过程、调解协议内容等一律不公开，不得泄露当事人的个人隐私或商业秘密。

——坚持便捷高效。律师运用专业知识开展调解工作，应当注重工作效率，根据纠纷的实际情况，灵活确定调解方式方法和程序，建立便捷高效的工作机制。

——坚持有效对接。加强律师调解与人民调解、行政调解、行业调解、商事调解、诉讼调解等有机衔接，充分发挥各自特点和优势，形成程序衔接、优势互补、协作配合的纠纷解决机制。

二、建立律师调解工作模式

律师调解是指律师、依法成立的律师调解工作室或者律师调解中心作为中立第三方主持调解，协助纠纷各方当事人通过自愿协商达成协议解决争议的活动。

3. 在人民法院设立律师调解工作室。试点地区的各级人民法院要将律师调解与诉讼服务中心建设结合起来，在人民法院诉讼服务中心、诉调对接中心或具备条件的人民法庭设立律师调解工作室，配备必要的工作设施和工作场所。

4. 在公共法律服务中心（站）设立律师调解工作室。试点地区的县级公共法律服务中心、乡镇公共法律服务站应当设立专门的律师调解工作室，由公共法律服务中心（站）指派律师调解员提供公益性调解服务。

5. 在律师协会设立律师调解中心。试点地区的省级、设区的市级律师协会设立律师调解中心。律师调解中心在律师协会的指导下，组织律师作为调解员，接受当事人申请或人民法院移送，参与矛盾化解和纠纷调解。

6. 律师事务所设立调解工作室。鼓励和支持有条件的律师事务所设立调解工作室，组成调解团队，可以将接受当事人申请调解作为一项律师业务开展，同时可以承接人民法院、行政机关移送的调解案件。

三、健全律师调解工作机制

7. 明确律师调解案件范围。律师调解可以受理各类民商事纠纷，包括刑事附带民事纠纷的民事部分，但是婚姻关系、身份关系确认案件以及其他依案件性质不能进行调解的除外。

8. 建立健全律师调解工作资质管理制度。试点地区省级司法行政机关、律师协会会同人民法院研究制定管理办法，明确承办律师调解工作的律师事务所和律师资质条件,包括人员规模、执业年限、办案数量、诚信状况等。司法行政机关、律师协会会同人民法院建立承办律师调解工作的律师事务所和律师调解员名册。

9. 规范律师调解工作程序。人民法院、公共法律服务中心(站)、律师协会和律师事务所应当向当事人提供承办律师调解工作的律师事务所和律师调解员名册,并在公示栏、官方网站等平台公开名册信息,方便当事人查询和选择。

律师事务所和律师接受相关委托代理或参与矛盾纠纷化解时,应当告知当事人优先选择调解或其他非诉讼方式解决纠纷。

律师调解一般由一名调解员主持。对于重大、疑难、复杂或者当事人要求由两名以上调解员共同调解的案件,可以由两名以上调解员调解,并由律师调解工作室或律师调解中心指定一名调解员主持。当事人具有正当理由的,可以申请更换律师调解员。律师调解员根据调解程序依法开展调解工作,律师调解的期限为30日,双方当事人同意延长调解期限的,不受此限。经调解达成协议的,出具调解协议书;期限届满无法达成调解协议,当事人不同意继续调解的,终止调解。

律师调解员组织调解,应当用书面形式记录争议事项和调解情况,并经双方当事人签字确认。律师调解工作室或律师调解中心应当建立完整的电子及纸质书面调解档案,供当事人查询。调解程序终结时,当事人未达成调解协议的,律师调解员在征得各方当事人同意后,可以用书面形式记载调解过程中双方没有争议的事实,并由当事人签字确认。在诉讼程序中,除涉及国家利益、社会公共利益和他人合法权益的外,当事人无需对调解过程中已确认的无争议事实举证。

在公共法律服务中心(站)、律师协会和律师事务所设立的律师调解组织受理当事人直接申请,主持调解纠纷的,参照上述程序开展。

10. 鼓励调解协议即时履行。经律师调解工作室或律师调解中心调解，当事人达成调解协议的，律师调解员应当鼓励和引导当事人及时履行协议。当事人无正当理由拒绝或者拖延履行的，调解和执行的相关费用由未履行协议一方当事人全部或部分负担。

11. 完善调解协议与支付令对接机制。经律师调解达成的和解协议、调解协议中，具有金钱或者有价证券给付内容的，债权人依据民事诉讼法及其司法解释的规定，向有管辖权的基层人民法院申请支付令的，人民法院应当依法发出支付令；债务人未在法定期限内提出书面异议且逾期不履行支付令的，人民法院可以强制执行。

12. 完善调解协议司法确认程序。经律师调解工作室或律师调解中心调解达成的具有民事合同性质的协议，当事人可以向律师调解工作室或律师调解中心所在地基层人民法院或者人民法庭申请确认其效力，人民法院应当依法确认调解协议效力。

13. 建立律师调解员回避制度。律师调解员具有以下情形的，当事人有权申请回避：系一方当事人或者其代理人的近亲属的；与纠纷有利害关系的；与纠纷当事人、代理人有其他关系，可能影响公正调解的。律师调解员具有上述情形，当事人要求回避的，律师调解员应当回避，当事人没有要求回避的，律师调解员应当及时告知当事人并主动回避。当事人一致同意继续调解的，律师调解员可以继续主持调解。

律师调解员不得再就该争议事项或与该争议有密切联系的其他纠纷接受一方当事人的委托，担任仲裁或诉讼的代理人，也不得担任该争议事项后续解决程序的人民陪审员、仲裁员、证人、鉴定人以及翻译人员等。

14. 建立科学的经费保障机制。在律师事务所设立的调解工作室受理当事人直接申请调解纠纷的，可以按照有偿和低价的原则向双方当事人收取调解费，一方当事人同意全部负担的除外。调解费的收取标准和办法由各试点地区根据实际情况确定，并报相关部门批准备案。

在公共法律服务中心（站）设立的律师调解工作室和在律师协会设立的律师调解中心受理当事人直接申请调解纠纷的，由司法行政机关、律师协会通过政府采购服务的方式解决经费。律师调解员调解法律援助案件的经费，由法律援助机构通过政府采购服务渠道予以解决。

在人民法院设立律师调解工作室的，人民法院应根据纠纷调解的数量、质量与社会效果，由政府采购服务渠道解决调解经费，并纳入人民法院专项预算，具体办法由各试点地区根据实际情况确定。

15. 发挥诉讼费用杠杆作用。当事人达成和解协议申请撤诉的，人民法院免收诉讼费。诉讼中经调解当事人达成调解协议的，人民法院可以减半收取诉讼费用。一方当事人无正当理由不参与调解，或者有明显恶意导致调解不成的，人民法院可以根据具体情况对无过错方依法提出的赔偿合理的律师费用等正当要求予以支持。

四、加强工作保障

16. 加强组织领导。试点地区的人民法院、司法行政机关和律师协会要高度重视这项改革工作，加强制度建设和工作协调，有力推进试点工作顺利开展。要在律师调解制度框架内，创新工作方式方法，制定适合本地区特点的实施意见，不断总结经验，积极探索，为向全国推广提供可复制、可借鉴的制度和经验。

17. 积极引导参与。试点地区的人民法院、司法行政机关和律师协会要积极引导律师参与矛盾纠纷多元化解，鼓励和推荐律师在人民调解组织、仲裁机构、商事调解组织、行业调解组织中担任调解员，鼓励律师借助现代科技手段创新调解工作方式、积极参与在线调解试点工作，促使律师主动承担社会责任、体现社会价值，充分调动律师从事调解工作的积极性，实现律师调解工作可持续性发展。

18. 加强队伍管理。加强对律师调解员职业道德、执业纪律、调解技能等方面的培训，建设高水平的调解律师队伍，确保调解案件质量。探索建立律师参与公益性调解的考核表彰激励机制。人民法院、司法行政机关、律师协会应当对表现突出的律师调解工作室、律师调解中心组织和律师调解员给予物质或荣誉奖励。

19. 加强责任追究。律师调解员违法调解，违反回避制度，泄露当事人隐私或秘密，或者具有其他违反法律、违背律师职业道德行为的，应当视情节限期或禁止从事调解业务，或由律师协会、司法行政机关依法依规给予行业处分和行政处罚。律师协会应当制定实施细则并报当地司法行政机关备案。

20. 加强宣传工作。试点地区的人民法院、司法行政机关和律师协会要大力宣传律师调解制度的作用与优势，鼓励公民、法人和其他组织优先选择律师调解快速有效解决争议，为律师开展调解工作营造良好执业环境。

21. 加强指导监督。最高人民法院、司法部将对试点工作进行指导督促，认真研究试点中存在的突出问题，全面评估试点方案的实际效果，总结各地多元化纠纷解决机制改革的成功经验，推动改革实践成果制度化、法律化。

22. 本试点工作在北京、黑龙江、上海、浙江、安徽、福建、山东、湖北、湖南、广东、四川等 11 个省（直辖市）进行。试点省（直辖市）可以在全省（直辖市）或者选择部分地区开展试点工作，试点方案报最高人民法院和司法部备案。

最高人民法院、司法部关于扩大律师调解试点工作的通知

(2018年12月26日 司发通〔2018〕143号)

2017年9月以来,按照《最高人民法院 司法部关于开展律师调解试点工作的意见》(司发通〔2017〕105号,以下简称《意见》)要求,北京、黑龙江、上海、浙江、安徽、福建、山东、湖北、湖南、广东和四川等11个省(直辖市)积极开展试点工作,取得了明显成效。为进一步推动律师调解试点工作的深入开展,最高人民法院、司法部决定将试点工作扩大至全国范围。现就有关事宜通知如下:

一、充分认识扩大律师调解试点工作的重要意义

开展律师调解试点工作,是完善我国诉讼制度的创新性举措,是深化律师制度改革的内在需要,是推进公共法律服务体系建设的重要内容。实践证明,律师调解工作既有利于强化法律在化解矛盾纠纷的权威地位,维护当事人合法权益,促进社会公平正义,又有利于节约司法资源和诉讼成本,拓展律师业务领域,促进我国律师事业持续健康发展。随着我国社会主要矛盾的变化,人民群众对民主、法治、公平、正义等方面的要求日益增长,需要进一步发挥律师调解工作在化解社会矛盾、促进依法治理中的专业优势和实践优势,在更大范围内实现律师专业法律服务与调解这一中国特色非诉讼纠纷解决机制的有机结合。各地要从党和国家大局出发,从推进全面依法治国、完善中国特色社会主义律师制度、维护社会和谐稳定的高度,进一步增强工作责任感、使命感和积极性、主动性,切

实做好扩大律师调解试点工作。

二、明确扩大律师调解试点工作的主要任务和要求

首批试点的11个省（直辖市）要深入总结前期试点工作经验，坚持问题导向，大胆探索创新，努力破解影响试点工作开展的突出问题和瓶颈，将试点范围扩大到整个辖区，创造更多新鲜经验，在全国起到示范引领作用。

其余20个省（自治区、直辖市）和新疆生产建设兵团要在2018年年底前启动律师调解试点工作。要充分借鉴首批试点地方的经验做法，根据经济社会发展水平和律师行业发展情况，确定在全省（自治区、直辖市）范围内或者选择部分地区开展试点。要因地制宜，分类指导，把律师资源充足、律师调解需求较大的地区作为试点工作重点，积累经验、

以点带面，逐步扩大试点。到2019年底，律师调解工作要在所有地市级行政区域进行试点，力争每个县级行政区域都有律师调解工作室。各地要在认真落实《意见》基础上，在扩大试点中把握好以下要求。

（一）健全诉调衔接机制。人民法院在推进调解程序前置改革试点过程中，要充分发挥律师调解优势，主动告知民事案件当事人可以选择调解程序，引导更多适宜调解的矛盾纠纷通过律师调解有效化解。对法律关系复杂、专业性强的矛盾纠纷，要优先导入律师调解程序，根据案件类型交由具备相应专业特长的律师调解团队或调解员办理，提高律师调解工作针对性。要进一步畅通诉调对接渠道，制定详细的全流程操作指引，确保委派调解、委托调解案件文书规范、档案完整、资料齐全、流程清晰。对法定期限未能调解的案件，要及时转入审判程序。

（二）完善司法确认程序。要进一步完善律师调解协议的司法确认机制，畅通确认渠道，建立便捷高效的律师调解司法确认程序。

律师调解组织由司法行政机关、律师协会会同人民法院共同指导和管理，动态更新律师调解组织和律师调解员名册。对纳入名册管理的律师调解组织依法按程序出具的、反映当事人真实意愿的民事合同性质的调解协议，经加盖律师调解工作室、律师调解中心专用印章后，当事人可以向人民法院申请司法确认。人民法院进行审查后，应当依法确认其法律效力。

（三）拓展调解业务领域。各地除根据《意见》规定在人民法院、公共法律服务中心（站）、律师协会、律师事务所设立律师调解工作室（中心）外，可以根据需要探索在医疗纠纷、道路交通、劳动争议、消费者权益保护等领域或行业设立律师调解组织，为人民群众提供便捷多样的律师调解服务。根据业务领域对律师调解组织和律师调解员实行分类精细管理，针对不同法律服务需求精准匹配调解组织或调解员。积极培育律师调解服务品牌，鼓励以律师事务所名称、律师姓名、专业调解领域命名律师调解工作室（中心），提高律师调解专业化水平和社会认可度。

（四）加强调解队伍建设。坚持律师调解的专业化方向，鼓励发展专事婚姻家庭、合同纠纷、知识产权、金融证券、公司股权等领域纠纷调解的专业化律师调解员队伍或者调解工作团队。司法行政机关、律师协会会同人民法院完善律师调解员资质认证标准，明确选任和退出程序，探索实行律师调解员岗前培训、合格上岗、定期评测、优胜劣汰制度，促进律师调解员素质提升。要完善律师调解员回避制度和代理案件利益冲突规范，在保障律师调解公信力的同时，充分调动律师参与积极性。建立健全律师调解员专业知识和调解技能常态化培训机制，定期汇总和发布律师调解典型案例，将典型案例纳入司法行政案例库。

（五）推进调解信息化建设。借助现代科技手段创新律师调解方式，加强"互联网+律师调解"建设，在12348中国法网上建立律师调解专区，推行短信调解、微信调解、网上调解、视频调解等新模式，探索将律师调解服务与122等热线服务对接，进一步提高调解工作覆盖面。推进信息共享、资源整合，探索建立集在线调解、司法确认、电子督促、电子送达等功能为一体的信息平台，与人民法院在线调解平台互联互通，提升律师调解工作的信息化水平。

三、进一步加强组织领导和工作保障

（一）落实试点工作责任。各地要周密部署、精心安排，尽快制定试点工作的实施意见和方案，明确扩大试点的步骤、目标和时间节点等，确保试点工作顺利启动、扎实推进。司法行政机关、人民法院、律师协会要细化任务分工，明确本单位的具体牵头部门和责任人员，主动加强与相关单位的沟通联系，分工负责，紧密协作，理顺关系，确保试点工作高效、有序运转。要注重围绕经济社会发展大局推进试点工作，努力赢得党委政府、相关单位和社会各界的支持。

（二）提高经费保障水平。各级司法行政机关、人民法院应当会同有关部门，多渠道解决公益性律师调解服务经费问题，推动将公益性律师调解服务列入政府购买服务目录，积极采取财政专项预算、财政资金补贴等多种途径，从办公设施、宣传培训、表彰奖励等方面加大对公益性律师调解工作的经费保障力度，适时提高律师办理调解案件的补贴补助标准。大力发展律师事务所调解工作室，鼓励和支持律师事务所根据当事人需要，以市场化方式开展律师调解业务，按照有偿和低价的原则收取调解费用，探索建立与各地经济发展水平相适应的以市场调节价为基础的律师调解业务收费机制。人民法院要充分发挥诉讼费杠杆作用，加大对调解案件诉讼费减免力度，为律师调解提供支持和保障。

（三）建立记录考核制度。律师协会建立律师和律师事务所从事调解工作记录制度，可以根据律师调解服务的时长、数量、难度、效果等因素，实行积分式跟踪评价。将律师事务所和律师参与调解情况作为律师参与公益法律服务的重要内容,纳入律师事务所年度检查考核和律师年度考核。

（四）完善工作激励机制。探索建立人民法院评估、司法行政机关评估、律师协会评估、当事人评估和律师自评有机结合的综合评价体系,探索实行律师调解组织和律师调解员星级认定制度,促进提升律师调解工作质量。对表现突出的律师调解组织和律师调解员,人民法院、司法行政机关、律师协会应当给予奖励,并将有关工作情况作为先进工作者、优秀律师等各类评先评优的重要依据,调动律师参与调解的积极性。

（五）加大宣传推广力度。要拓展宣传渠道,充分利用各类新闻媒体和工作渠道,宣传律师调解制度,推介律师调解组织,不断提高律师调解工作的社会知晓度和公众认可度。要加强律师调解理论研究,积极宣传推广律师调解的先进典型和有益经验,为推进律师调解试点创造良好舆论氛围。

附件：（略）

图书在版编目（CIP）数据

黑龙江省调解条例释义/黑龙江省司法厅编著. — 北京：中国法治出版社，2024.11. -- ISBN 978-7-5216-4713-6

Ⅰ.D927.350.5

中国国家版本馆 CIP 数据核字第 2024SF0724 号

责任编辑：张　僚　　　　　　　　　　　　　封面设计：蒋　怡

黑龙江省调解条例释义
HEILONGJIANG SHENG TIAOJIE TIAOLI SHIYI

编著/黑龙江省司法厅
经销/新华书店
印刷/三河市紫恒印装有限公司
开本/880 毫米×1230 毫米　32 开　　　　　印张/7.5　字数/125 千
版次/2024 年 11 月第 1 版　　　　　　　　　2024 年 11 月第 1 次印刷

中国法治出版社出版
书号 ISBN 978-7-5216-4713-6　　　　　　　　　　　定价：32.00 元

北京市西城区西便门西里甲 16 号西便门办公区
邮政编码：100053　　　　　　　　　　　传真：010-63141600
网址：http://www.zgfzs.com　　　　　编辑部电话：010-63141663
市场营销部电话：010-63141793　　　　印务部电话：010-63141606

（如有印装质量问题，请与本社印务部联系。）